적당한 생활

적당한 생활

초판1쇄 인쇄 2016년 11월 24일
초판1쇄 발행 2016년 12월 1일

지은이 | 성행
펴낸이 | 남배현

기획 | 모지희
책임편집 | 박석동

펴낸곳 | 모과나무
등록 2006년 12월 18일 (제300-2009-166호)

주소 | 서울시 종로구 종로19, A동 1501호
전화 | 02-725-7011
전송 | 02-732-7019
전자우편 | mogwabooks@hanmail.net

표지 디자인 | Kafieldesign
본문 디자인 | 동경작업실

ISBN 979-11-87280-09-5 (03220)

이 도서의 국립중앙도서관 출판예정도서목록(CIP)은
서지정보유통지원시스템 홈페이지(http://seoji.nl.go.kr)와
국가자료공동목록시스템(http://www.nl.go.kr/kolisnet)에서
이용하실 수 있습니다.(CIP제어번호: CIP2016028135)

모과나무 (주)법보신문사의 출판 브랜드입니다.
지혜의 향기로 마음과 마음을 잇습니다.

적당한
생활

성행 지음

모카
나무

행복도 불행도 습관입니다.

행복도 불행도 선택입니다.

산이 높다고 명산인가
나이가 많다고 어른인가

산이 높다고 해서 반드시 명산이 아니듯 나이가 많다고 해서
어른이 아닙니다. 가려볼 줄 알고 새겨들을 줄 아는 세월의
연륜과 경험과 지혜가 쌓여 판단의 심지가 바른 사람을 어른
이라 합니다. 또한 성숙함은 높임이 아니라 낮춤을 전제로 합
니다.

사람이 스스로 넓어지고 깊이 있을 때 어른이라 합니다. 잘
못과 실수를 저지른 사람을 자비로 용서하고 홀로 낙오자로
전락할까 염려되어 방관할 수 없어 받아주고 감싸주는 사람

을 어른이라 합니다.

'너는 절대 안 돼' '너만은 용서할 수 없어' 하는 사람이 아니고 사랑으로 용서와 화해의 길을 열어 주선해주는 그런 사람을 어른이라 합니다. 배려하는 마음으로 밥도 같이 먹고, 잠도 같이 자고, 더불어 차를 마시며 마음을 나누는 사람을 어른이라 합니다. 할 일이 많아도 사랑의 씨를 곳곳에 뿌려 더불어 살자고 일깨워주며 솔선 행동하는 사람을 어른이라 합니다.

질투하고, 미워하고, 시기하고, 욕심이 많은 사람에게도 사랑으로 배려해 동무로 살 수 있는 마음으로 살아갑시다.

행복이란 행복한 생각에서 생깁니다. 생각은 눈에 보이지 않으나 보이는 것은 보이지 않는 곳에서 나온다는 사실을 알고 살아갑시다. 가시적 현실이 비가식적 생각의 열매인 것처럼 좋은 생각과 바른 생각을 동무하며 살아갑시다. 행복은 선택입니다. 행복은 습관입니다. 불행도 선택입니다. 불행도 습관입니다.

불행한 생각을 버리는 선택을 하지 못하면 행복은 없습니다. 건강과, 사랑과, 행복과, 기쁨은, 석양 노을빛처럼 나타나고 사라지는 무상함을 직시합시다.

빈승貧僧도 완벽한 인생을 살아오질 못했지만 부족하면 부족한 대로 흐르는 물처럼 인연 따라 여기까지 왔습니다. 노자老子는 인간수양人間修養의 근본을 말하면서 물이 가진 일곱 가지 덕목(水有七德)을 찾아야 한다 했습니다.

낮은 곳을 찾아 흐르는 겸손, 막히면 돌아갈 줄 아는 지혜, 구정물도 받아주는 포용력, 어떤 그릇에나 담기는 융통성, 바위도 뚫는 끈기와 인내, 장엄한 폭포처럼 투신하는 용기, 그리고 유유히 흘러 결국에는 바다를 이루는 대의大義입니다. 그래서 가장 아름다운 인생은 물처럼 사는 것(上善若水)이라고 하나봅니다.

물과 같은 자세로 아름답고 지혜로운 삶을 살아갑시다. 그것이 적당한 생활입니다. '한 걸음 더'를 외치는 속도와 경쟁의 사회에서 우리는 이제 적당한 삶을 찾아야 합니다. 언제나 남을 이겨야 성공한 삶이고 그것이 행복한 삶이라고 믿고 있습니다. 또 경쟁에서 밀리거나 지면 실패한 삶, 불행한 삶이라고 믿는 것은 그 모양이 다를 뿐 모두 같습니다. 부처님이 6년 고행 뒤 발견한 '중도'의 삶이 바로 지금 우리에게 전하는 '적당한 삶'이라는 것을 잊어서는 안 됩니다.

　오늘도 행복한 날 되소서.

　성행 합장

차
례

그대, 사랑해본 적 있는가

맑은 바람 어디에나 불고 있나니

적당한 생활

믿음은 도의 근원이며 공덕의 어머니요
온갖 착한 행위에 이르게 하는 길을 키워 준다네

의심의 그물을 끊고 애착을 벗어나서

위없는 열반의 길을 열어 보이네

강 건너 불구경하듯 하라

과보에 오차는 없다

마음에는 평화 얼굴에는 미소

화목하게 어울려라

손님을 대하듯 하라

마음 밭을 가는 이유

담대한 행동

아는 사람과 모르는 사람

별을 노래하는 마음으로

말에 머물지 말고 행동하라

삼생의 인연

복을 짓고 덕을 베푸는 도리

거꾸로 사는 삶

어린이 마음이 부처님 마음

배 속의 아이

버리고 또 버려라

방하착

별을 노래하는 마음으로

강 건너 불구경하듯 하라

뉴스를 보면 연일 흉흉한 살인 행각에 대한 일이 보도되고 있다. 애인이 변심했다고 찾아가 살해하거나, 얼굴도 모르는 누군가를 아무 이유 없이 죽이는 일도 있다. 백세 시대의 고령화사회가 되면서 고독사孤獨死도 늘고 있다. 이웃집 할머니가 죽은 지 몇 달 만에 발견되었다는 소식이 종종 들린다.

서민들은 경기가 점점 어려워지고 물가가 올라서 장보기가 겁난다고들 한다. 이런 가운데 정치인들은 국민을 앞세워 이합집산離合集散을 거듭하고 있다.

반면 안을 들여다보면 각각의 삶은 어떠한가. 옆집 아주머니가 명품 가방을 샀다거나, 그 집 아이가 성적이 올랐다는 이야기를 들으면 배 아파한다. 상대방이 하는 말에 온갖 의미를 더해 곡해하거나 퉁명스럽게 대응한다. 가장 많은 갈등을 일으키는 것은 자신과 가장 가까운 사람들이다. 가족이 그렇다. 누구보다 사랑해야 할 자기 자신과 내 가족을 최우선으로 못살게 구는 것이다. 왜 그럴까?

옆집 사람이 와서 "당신 남편이 어떤 여자랑 호텔에 들어가더라"하고 말하면 남편을 의심하기 시작한다. 남편의 말을 들어보고 이해하려는 믿는 마음보다 옆집 사람의 말을 더 믿는 꼴이다.

사람들마다 차이는 있지만 나름대로 치밀하고 완벽하게 살아야 한다는 강박에 사로잡혀 빈틈없는 삶을 산다고들 하지만 실제로는 허점투성이다. 그런데 그것을 인정하지 못하기 때문에 여러 문제가 생긴다.

우리 사회의 공동체가 무너지는 정치와 경제, 사회 문제 등에는 강 건너 불구경 하듯이 산다. 정작 강 건너 불구경 하듯 무심하고 적당히 봐야 할 자신의 내면은 굳게 빗장을 걸고 밖으로 나오지 못하고 있다. 거꾸로 살고 있다.

힘들고 어려운 이웃을 보면 그들에게 손을 내밀고 함께 걸어가야 하지 않겠는가. 가진 것이 많아야만 남을 도울 수 있는 것이 아니다. 중요한 것은 마음이다. 지금 자신의 문제에 갇혀 밖을 내다보지 못하면 안으로는 상처가 깊어지고 이웃의 문제는 강 건너 불구경 하듯 하게 된다.

마음의 빗장을 열고 밖으로 나오는 것이 내 마음을 맑게 하는 방법이다. 내 마음이 맑으면 세상은 그대로 깨끗해진다는 것이 '심청정心淸淨 국토청정國土淸淨'이라는 말뜻이다. 서로 사랑하고 용기를 북돋아주는 부처님의 마음이다. 어려운 이웃을 외면하지 않고 돌보는 것이 결국 내 마음을 치유하는 길이다.

과보에 오차는 없다

부처님이 계셨을 때의 일이다. 여러 해를 두고 병으로 고생하는 장자가 있었다. 장자는 자신이 과연 어떠한 업을 지었기에 그토록 병에 시달리는 것인지 궁금했다.

아주 먼 옛날 악한 일만 행하는 악행惡行이라는 왕이 있었다. 그는 자기 기분 내키는 대로 새로운 법을 만들고 그에 따르지 않는 백성들에게는 힘센 장사를 시켜 채찍질을 가했다. 힘센 장사는 왕의 권위와 위엄을 빙자해 백성들을 괴롭혔다. 자신에게 뇌물을 주면 살짝 채찍을 가하고 주지 않으면 심하게 매질했다.

그런데 어느 날 한 선량한 백성이 억울한 누명을 쓰고 형을 받게 되었다. 그 백성은 "나는 정법正法을 믿는다"라고 애기하며 억울함을 호소했다. 장사는 그 말을 듣고 채찍질 하는 시늉만 하고는 그 억울한 백성을 구해주었다. 세월이 흘러 장사도 나이가 들어 죽게 되었고, 축생의 세계에 떨어졌다.

장사는 소가 되어 6백 생 동안 밭을 갈고 채찍을 맞으며 죽도록 일을 했다. 축생의 인연이 다해 사람의 몸을 받게 되었지만 워낙 죄업이 무거워 중병을 앓게 되었다. 병으로 고생하는 장자가 바로 옛날의 그 힘센 장사인 것이다. 그 당시 억울하게 형을 받았으나 장사에게 관용을 받아 채찍을 피할 수 있었던 선량한 백성은 지금 장자를 치료하고 있는 의사였다. 그때의 보답으로 그를 치료하게 된 것이다.

사람이 선善을 행하거나 악惡을 행하면 그에 따라 복과 재앙이 그림자처럼 따라다닌다. 그 과보는 이번 생이 아니면 다음 생에라도 따라올 정도로 시차가 있을 뿐이지 결코 사라지지 않는다. 과보란 더디 올지언정 오차는 없다.

《법구비유경》에서는 다음과 같이 말한다.

선량한 사람을 채찍질하고

죄 없는 사람을 거짓으로 모함하면,

그 갚음은 끝내 용서가 없어 열 가지 재앙을 받는다.

첫째, 살아서 못 견딜 고통을 받고

둘째, 몸을 다쳐서 불구가 되며

셋째, 저절로 병이 들어 괴로워하고

넷째, 낙담하여 정신이 혼미해지며

다섯째, 항상 남에게 모함을 받고

여섯째, 관청의 형벌을 받으며

일곱째, 재산을 송두리째 잃게 되고

여덟째, 친족들이 멀리 떠나며

아홉째, 가진 집은 모두 불태워지고

열째, 죽어서 지옥에 들어간다.

우리는 과보에 대해 반신반의하는 경향이 있다. 눈에 보이면
믿되 보이지 않으면 믿지 않는다. 또 곧바로 나타나는 과보는
믿으나 오랜 시간을 두고 나타나는 과보는 믿지 않는다.
앞서 말했듯이 과보는 시차가 있을 뿐 오차는 없다. 남을 업

신여기거나 해하면 자기는 그보다 더 큰 해를 입게 된다. 지금 당장 그 과보를 받지 않는다고 하더라도 세세생생 그 과보를 면하기 어렵다는 것을 익히 알아야 한다. 항상 선을 행하며 살아가도록 힘써야 한다.

마음에는 평화 얼굴에는 미소

십시일반十匙一飯이라는 말이 있다. 작은 것이라도 나누어 힘을 모으다 보면 큰 도움이 될 수 있다는 뜻이다. 절에서는 아침저녁으로 예불을 올린다.

지심귀명례 삼계도사 사생자부 시아본사 석가모니불
至心歸命禮 三界道士 四生慈父 是我本師 釋迦牟尼佛

세상 모든 만물에 지심귀명례하는 마음을 가져야 한다. 하늘 위나 하늘 아래에 생명 가진 모든 존재는 존귀하고 소중한 것이다. 아름다운 금수강산을 눈으로 보고, 지저귀는 산새 소리를 듣고, 향기로운 냄새를 맡으며, 먹을 수 있는 입과 혀, 그리고 모든 것을 지탱할 수 있는 몸이 바르면 더 이상 가질 것도 원할 것도 없다.

문수보살의 지혜와 보현보살의 행원과 지장보살의 헌신과 관세음보살의 자비행을 바르게 믿어야 한다. 이웃을 위해 베풀고 기도하는 마음으로 용맹정진해야 한다.

어떤 사람은 봉사를 하고 싶어도 어디서 어떻게 해야 할지 모르겠다고 한다. 어떤 사람은 가진 재물이 많아야 할 수 있지 내 형편에는 힘들다고 말하기도 한다. 내가 먹고살기 힘든데 남을 도울 처지냐 하는 생각이다.

숨을 들이쉬면서 마음에는 평화를, 숨을 내쉬면서 얼굴에는 미소를 가득히 하는 것, 그것이 바로 공양이며 봉사의 시작이다. 미소를 지으며 좋은 말을 건네는 입 모양은 아름다운 꽃봉오리다. 언제든 남을 돕기 위한 두 손은 꽃잎이 다섯 개 달린 연꽃이다. 스스로 아름다운 향기를 내는 연꽃이 되어야 한다. 어두운 곳을 밝게 만들어 줄 수 있는 마음과 미소로 이웃을 대하는 것이 바로 봉사의 시작이다.

봉사의 사전적 의미는 남을 위하여 자신을 돌보지 아니하

고 힘을 바쳐 애쓰는 것이고 공양은 웃어른을 모시어 음식 이
바지를 하는 것을 말한다. 모두 남을 위한 삶을 말한다.

　마음에 평화를 갖고 얼굴에 미소를 띠우는 것은 남을 위한
봉사이지만 결국은 스스로 행복한 삶을 사는 것이다. 십시일
반 또한 자신의 행복을 가꾸는 행위이다.

화목하게 어울려라

'인간은 사회적 동물이다'라는 말의 의미는 인간은 혼자서 살 수 없기 때문에 모든 것을 공유해야 한다는 뜻이다. 서로가 의지하여 살지 않으면 혼자서 지탱하기 어렵다.

지옥, 아귀, 수라, 축생, 인간, 천상의 육도 윤회의 인과가 나뉘어지듯이 인간 세상에는 잘난 사람, 못난 사람, 배운 사람, 배우지 못한 사람 등등으로 나뉜다. 그러나 모든 사람들은 서로 다른 능력을 가지고 있으므로 단적으로 드러난 모습만 보고 판단하면 안 된다.

대승불교가 성립되기 전까지의 불교 사회 윤리는 '사섭법四攝法'이나 '사무량심四無量心'으로 표현되었다. 사섭법은 자신의 것을 남과 공유하고자 하는 보시布施, 다정하고 부드러운 말을 건네주는 애어愛語, 남을 이롭게 하는 행위인 이행利行, 상대방의 일을 내일처럼 생각하고 협력하는 동사同事를 말한다.

사무량심이란 타인에게 사랑과 행복을 나누어주는 행위인 자慈, 타인의 슬픔을 나의 슬픔으로 느끼고 가여워 하는 마음인 비悲, 타인의 행복을 나의 행복으로 기꺼워하는 희喜, 마음에 끓어오르는 번뇌 망상을 모두 던져버리고 난 뒤에 느끼게 되는 심리적인 평정의 상태를 말하는 사捨가 그것이다.

부처님은 사섭법과 사무량심을 통해 이 세상이 사랑과 웃음으로 싱그럽기를 기대하셨다. 인간들의 마음속에 타오르는 탐욕과 분노, 미움과 저주의 불길을 가라앉힌다면 사랑과 웃음이 넘치는 세상은 저절로 오리라는 생각이었다. 인간의 마음과 그 의식 구조를 바꾸면 사회의 온갖 갈등 또한 치유할 수 있다고 확신하고 사섭법과 사무량심의 실천을 강조하신 것도 이 때문이었다.

부처님은 "요익중생饒益衆生하라" 하셨다. 세상의 많은 사람들의 이익과 행복과 안락을 위하여 길을 떠나라고 이르셨다. 하지만 어리석은 중생들은 눈앞의 이익을 위해 삶을 살아간다. 이러한 모순을 타파하기 위하여 팔만사천법을 설하셨고 실천행을 강조하셨다. 어려운 이 시대를 어떻게 이해하고 탁마하며 잘 살 수 있는가를 우리는 다시 한 번 생각해야 한다.

그 해답의 길은 화합和合이다. 화합하는 것은 정도正道이자 서로가 서로에게 의지하고 믿고 같이 살아갈 수 있는 상생相生의 길이란 사실을 우리는 잊어서는 안 될 것이다.

손님을 대하듯 하라

집을 나서면서부터 자기 행동은 자기가 책임을 져야 한다. 그러니 각별히 말과 행동에 조심하고 삼가지 않을 수 없다. 밖에서 누구를 만나든 손님을 대하듯이 윗사람을 공경하듯이 하면 실수가 적을 것이다.

집을 나서면 귀한 손님을 대하듯이 공손히 행동하고 국민을 부리는 일은 큰 제사를 지내듯이 조심스럽게 하며 내가 싫어하는 일을 다른 사람에게 시키지 말아야 한다.

만약 지위가 높고 가진 것이 많은 사람이 권력을 가지게 되면 국민들을 아랫사람으로 생각하고 행동해서는 안 된다. 국민 개개인은 한 나라의 근본이기 때문에 윗사람은 국민의 심부름을 하는 사람이지 그들의 위에서 군림하는 자가 아니다. 그래서 윗사람의 자리에 있게 되면 국민들 대하는 것을 큰 제사 지내듯이 조심스럽게 해야 한다고 말한 것이다.

다음에 소개하는 이야기는 윗사람이 백성들을 어떻게 대해야 하는가를 말하고 있다. 오성 대감으로 잘 알려져 있는 이항복에 대한 이야기다.

재상 버슬에 있던 이항복(李恒福, 1556~1618)이 조정에서 공부를 마치고 퇴근할 때 한 여인네가 말 앞을 가로질러 갔다. 이에 놀라 벽제(辟除, 지위가 높은 사람이 행차할 때 일반인의 통행을 잠시 금하던 일)를 하던 하인들이 이 여인을 꾸짖고 밀어서 땅에 넘어지게 했다. 집으로 돌아온 이항복은 하인들을 불러 준엄하게 꾸짖었다.

"내가 정승의 자리에 있으니 비록 한 사람이라도 잘못되는 일이 있으면 그것이 나의 잘못이고 부끄러움이다. 길 가는 사람을 밀치고 땅에 넘어지게 하다니 말이나 되는 일이냐? 너희들은 조심하여 앞으로는 절대 이런 일이 없도록 하라."

그런데 조금 있다가 그 여인이 이항복의 집 앞 언덕 위에 올라서서 집을 향해 고래고래 소리를 질렀다.

"머리가 허연 늙은이가 종들을 부려 길 가는 무고한 사람에게 행패를 부리니 네가 정승이 되어 나라를 위해 한 일이 무엇이기에 이렇게 위세를 부리느냐. 네 죄는 귀양을 가고도 남음이 있으렷다."

이 밖에도 한 나라의 정승에게 입에도 담지 못할 욕을 마구 하였지만 재상 이항복은 못 들은 체했고 하인들도 아까 꾸지람을 들었던 터라 가만히 있을 수밖에 없었다.

마침 잠시 와 있던 손님이 이상하게 여겨 물었다.

"저 여인이 욕설하는 것이 누구를 가리키는 것입니까?"

이항복이 웃으면서 대답하였다.

"머리가 허연 늙은이면 내가 아니고 누구겠소."

이항복의 대답에 손님이 깜짝 놀라자 이항복이 태연하게 말했다.

"내가 먼저 잘못했으니 저 여인이 저렇게 욕하는 것은 당연합니다. 마음대로 욕설을 하여 분이라도 풀어야 되지 않겠습니까."

'기소불욕己所不欲이어든 물시어인勿施於人하라' 즉 '자기가 하고 싶지 않은 일은 남에게 시키지 말라'는 이 한 마디는 평생을 가슴속에 새겨 두어 잊지 말아야 할 것이다.

모두가 자기를 우선하는 것보다 남을 배려하는 작은 생각을 낸다면 보다 부드러운 삶을 서로 공유하리라 생각된다.

마음 밭을 가는 이유

농부들은 밭을 일구고 농작물을 수확하며 살아간다. 우리들
도 매일매일 밭을 가꾸고 밭에다 복을 짓고 살아간다. 마음의
밭이다. 이 밭에 거름을 주고 종자도 뿌린다. 도대체 마음은
없는 것도 아니고 그렇다고 손에 딱 잡히는 것도 아니라 신비
롭다.

　모든 사람들에게는 크고 작은 차이는 있지만 삶의 희망과
목표가 있다. 한 해를 시작하면서 새로운 다짐을 하고 한 해
를 마무리하면서 반성하고 참회하며 못다 한 일을 다음 해로
넘기기도 한다.

　한 해의 설계를 잘 했다면 목표는 이루어질 수 있을 것이
고 설계를 잘못하면 모든 것을 이루지 못하고 욕심으로 남게

된다. 끊임없이 자기반성을 하면서 생활한다. 좀더 나은 행복을 찾기 위해서 오늘도 마음의 밭을 갈고 있다.

지나간 세월을 한탄하며 내일을 맞이할 것인가, 아니면 먼지 털 듯이 털어버리고 새로운 오늘을 맞이할 것인가. 태양은 한결같이 붉게 떠오른다. 언제나 붉게 떠오르는 태양이 누구에게는 행복을 주고 누구에게는 불행을 가져다 주는 것이 아니다.

행복은 자기네 마음속에 있는 것이다. 행복도 불행도 모두 자기 자신이 만드는 것이요 모두 자기 자신의 것이다.

악인악과惡人惡果 하고 선인선과善人善果 한다고 했다. 악한 마음을 가지고 살아간다면 그 결과는 악으로써 받게 되고 선한 마음을 가지고 살아간다면 그 결과는 선으로써 받게 된다.

무엇이든지 많이 가지면 그만큼 고통도 무거워지니 나누어 가져야겠다. 그리고 구경성불究竟成佛 하는 밭을 부지런히 갈고 씨앗을 뿌려야겠다.

사람이 큰 바다에 들어가지 않으면 진주 같은 보배를 얻지 못하는 것처럼 생사와 번뇌의 큰 바다로 들어가는 것을 겁내지 말아야 한다. 큰 바다에 빠진 자기 신세를 한탄하고 불행해 할 것이 아니라 빠진 김에 진주를 줍겠다는 마음을 가진다면 불행은 불행이 아니라 행복이 될 수 있을 것이다.

　나라 안팎이 어수선하다. 사회적으로 항상 문제는 있었지만 이제는 보다 큰 뜻을 가지고 미래의 청사진을 그려야 한다. 우리 모두에게는 희망과 행복이 있으니 얼마나 다행스런 일인가. 남 탓만 하고 있을 게 아니라 제 할 일을 스스로 하고 주권 행사를 분명하게 하는 것이 책임지는 자세이고 우리 모두의 청사진을 그리는 일이다.

담대한 행동

담은 커야 하고, 마음은 작아야 하며, 지혜는 둥글어야 하고, 말은 바로 하고, 행동은 곧아야 한다. 담이 크다는 말은 흔히 '대담하다'거나 '담대하다'라고 표현하는데 일을 함에 있어 결단력이 있어야 한다는 뜻이다. 마음이 작아야 한다는 것은 소심하거나 나약하다는 뜻이 아니라 꼼꼼하고 치밀해서 일을 행동으로 옮기기 전에 신중히 검토하는 능력이 있어야 한다는 뜻이다.

지혜가 둥글어야 한다는 말은 변화에 쉽게 적응할 수 있는 융통성과 원만함이 있어야 한다는 뜻이다. 세상의 일은 계획대로 되기보다는 틀어지기 쉽기 때문에 그때그때의 바깥 상황에 대처하지 못하고 성을 내거나 안달을 하게 되면 스스로 일을 그르치기 쉽다.

말 한 마디에 천 냥 빚도 갚는다는데 하물며 구업口業을 지어서는 되겠는가. 여기저기 다른 말을 하는 양설兩說, 나쁜 말을 골라 하는 악어惡語, 말로써 남을 속이는 기어綺語, 거짓말을 일삼는 망어妄語를 지으면서 원하는 일을 성사시키지는 못할 것이다. 강직하고 절도 있는 말과 행동이 필요하다.

담이 작으면서 욕심만 많아 마음만 크게 낸다면 작은 일부터 요란을 떨며 실수가 많을 것이고, 지혜가 없이 행동만 둥글둥글하면 남들이 하는 대로 생각 없이 끌려갈 것이다.

과거의 어떤 수행자도
현재의 어떤 수행자도
또 미래의 어떤 수행자도
이보다 더한 심한 고행을
닦은 자도 없고 닦을 자도 없으리라

부처님이 성도한 뒤 고행의 순간에 대해서 하신 말씀이다. 부처님은 연기緣起의 도리를 깨닫고, 모든 존재의 근본 원인인 무명無明을 타파하였다. 그리고 우주의 생성 소멸은 인연과因緣果의 원리에 따라서 움직이며, 일체중생이 본래 부처이나 업業의 그림자에 가리워 고통받는 삶을 살아간다고 했다.

오늘 한 가지 이치理致를 분별하고 내일 한 가지 이치를 분별하면 오래 지난 후 저절로 마음에 스며들게 된다. 오늘 한 가지 어려운 일을 하고 내일 한 가지 어려운 일을 하면 오래 지난 후 저절로 강하고 단단하게 된다.

이렇듯 얼음이 녹듯이 모든 일이 해결되면 마음이 즐거워지듯 모든 일이 순조로워지는 것은 오랫동안 노력한 뒤에 얻어지는 결과이지 우연히 되는 일이 아니다.

아는 사람과 모르는 사람

달마達磨가 서쪽에서 왔다. 그것이 역사적 사실인지 아닌지, 그 연대가 언제인가 하는 문제는 중요하지 않다. 달마에 관한 많은 이야기들이 있지만 중요한 것은 그가 이전과는 다른 새로운 가르침을 주었다는 사실이다.

달마는 결코 제자들에게 불교 경전을 강독하게 하지 않았다. 또 불교 경전의 계율戒律을 지키라고 말하지도 않았다. 다만 사람이면 누구나 마음속에 불성佛性이 있다고 강조하고, 자신의 마음속에 있는 부처를 스스로 찾으라고만 했다. 불성은 이미 모든 사람의 마음속에 있는 것이므로 다른 사람이 가르쳐주거나 깨우쳐 줄 수 없다는 것이다. 달마의 불성 찾는 방법은 면벽面壁하고 참선參禪하는 것이었다.

면벽하고 구도求道하던 달마는 어느 날, 자신의 죽음이 가까웠음을 느끼고 제자들을 불러 모으고 그들로 하여금 각자 깨달은 경지를 말해보도록 했다. 도부道副라는 제자가 먼저 말했다.

"문자文字에 집착하지 말고 그렇다고 문자를 버리지도 말아야 합니다. 다만 문자를 일종의 구도하는 도구로서만 이용해야 한다고 생각합니다."

이 말을 들은 달마가 말했다.

"너는 겨우 나의 껍질만 얻었구나."

다음은 총지聰持라는 비구가 앞으로 나오며 말했다.

"제가 이해한 바는 아난다가 아크쇼비아(석가여래 이전의 부처님)의 불국토佛國土를 본 것과 같습니다. 한 번 보고는 다시 못 보았으니까요."

달마가 말했다. "너는 나의 살을 얻었다."

도육道育이라는 다른 제자가 입을 열었다.

"땅, 물, 불, 바람의 사대(四大, 우주와 삼라만상을 형성하는 요소)는 본래 공허한 것이며 눈, 귀, 코, 혀, 몸의 오온五蘊은 모두 실재하지 않습니다. 제가 선 자리에서 보면 변화하지 않는 것은 아무것도 없습니다."

달마가 또 말했다.

"너는 겨우 나의 뼈를 얻었구나."

마지막으로 혜가慧可가 절을 하고는 그냥 그 자리에 서서 움직이지 않았다. 이에 달마는 탄복하며 말했다.

"너야말로 나의 몸을 얻었구나."

도부와 총지와 도육은 모두 자기가 깨달은 바를 언어로 설명하였다. 이에 달마는 이들의 깨달음이 부분적이라는 사실을 지적했다. 인간의 몸을 전체라고 할 때 껍질과 살과 뼈는 모두 몸을 이루는 일부분에 지나지 않는다. 반면 혜가는 아무 말도 안 하고 있었다. 혜가는 자신이 깨달은 것을 언어로는 표현하지 않았기 때문이다. 이는 선가禪家에서 법통法統을 전하는 한 토막 이야기다.

이 이야기는 인간과 언어에 대해서 많은 것을 생각하게 해 준다. 언어는 결코 인간과 세계의 모든 것을 충분하게 표현하지 못한다. 달마는 이러한 사실을 일찍이 깨달았고, 혜가도

이를 깨달았다. 이들은 아무 말도 하지 않았지만 서로 많은 대화를 나눈 셈이다. 혜가는 말 없는 가운데 많은 것을 말했고, 달마는 이러한 혜가의 마음을 마음으로 읽었던 것이다.

노자老子도 일찍이 "아는 사람은 말하지 아니하고, 말하는 사람은 알지 못한다(知者不言 言者不知)"라고 말한 바 있다. 노자의 이 말도 전체를 아는 사람은 그것을 말로 표현할 수 없다는 것을 알기 때문에 말하지 않는 것이며, 이를 말하는 사람은 일부분밖에 알지 못하므로 전체를 알지 못한다는 뜻이다.

달마와 제자 사이에 있었던 선문답이나 노자의 말은 서로 통하는 것으로 동양의 사유가 가졌던 언어관의 일면을 잘 보여준다. 이러한 언어의 한계에 대한 인식은 뒷날 "입을 열기도 전에 그르쳤다(未開口錯)"는 극단적인 경지까지 발전하였다.

별을 노래하는 마음으로

죽는 날까지 하늘을 우러러
한 점 부끄럼이 없기를
잎새에 이는 바람에도
나는 괴로워했다
별을 노래하는 마음으로
모든 죽어가는 것을 사랑해야지
그리고 나한테 주어진 길을
걸어가야겠다

오늘밤에도 별이 바람에 스치운다

윤동주가 1941년에 지은 시詩다. 이 짧막한 시구가 가슴을 울린다. 이 시구를 대할 때 일어나는 감정에는 거짓이 없다. 이렇게 자연스럽고 거짓이 없는 마음의 일어남, 이것을 우리 조상들은 인격 수양의 첫걸음으로 보았다.

우리들은 누구와 친하게 되면 조심과 공경함을 잊어버리는 경우가 많다. 그러나 친하고 허물이 없다고 해서 서로를 공경하지 않아도 된다는 것은 아니다.

누가 나에게 잘해준다고 해서 또는 나와 친하다고 해서 그 사람의 나쁜 점까지 좋은 점으로 생각해서는 안 된다. 반대의 경우도 마찬가지다. 싫어하는 사람일지라도 그 사람이 가지고 있는 장점이나 아름다운 면모를 무시해서는 안 된다. 개인적인 감정과 이성적인 판단 사이에는 정확한 선을 그어야 한다는 뜻이다. 현명한 사람은 허물없이 친밀하나 공경할 줄 알며 두려워하나 사랑할 줄 알아야 한다.

또한 재물을 구차하게 얻으려 하지 말고 어려움을 당해도 구차히 벗어나려 하지 말며 싸워서 굳이 이기려 하지 말고, 물건을 나눌 때는 남보다 많이 가지려고 하지 말아야 한다.

다음은 《법화경法華經》〈오백제자수기품〉 제4권 '의주의 비유'
에 나오는 이야기다.

어떤 빈궁한 사람이 부자 친구 집을 찾아갔다. 부자 친구
는 반가워하며 맛있는 음식을 대접했는데 빈궁한 사람은 그
만 술에 취해 잠이 들었다. 이튿날 부자 친구는 잠든 빈궁한
사람을 남겨둔 채 나랏일로 멀리 떠나게 되었다. 그러나 빈궁
한 사람이 돈이 필요하리라고 생각하고 아주 값비싼 보배 구
슬을 잠자는 친구의 옷 속에 넣어두고 떠났다.

그러나 잠에서 깨어난 그 빈궁한 사람은 옷 속에 보배 구
슬이 있는지도 모르고 거렁뱅이 생활을 하면서 유랑하며 고
생을 하였다. 그러다가 먼 훗날 우연히 부자 친구를 만나게
되었다.

부자 친구는 그때까지도 옷 속에 보배 구슬이 있음을 알지
못하는 빈궁한 사람을 몹시 책망하고 옷 속에 넣어 준 보배
구슬을 꺼내 보여주었다. 그리고 지금이라도 그 보배 구슬을
꺼내어 팔면 어떤 것이든지 다 얻을 수 있고 누릴 수 있을 것
이라고 말했다. 빈궁한 사람은 보배 구슬을 보고 크게 기뻐하

며 오욕을 마음껏 누렸다.

여기에서 말하는 부자 친구는 부처님을 뜻한다. 빈궁한 친구는 우리 중생을 말하며, 보배 구슬은 불성佛性을 뜻한다. 즉 우리는 누구나 부처가 될 성품이 있음에도 그것을 알아보지 못하고 있다는 것이 이 글의 요지다.

부처님은 긴 세월 다하도록 불쌍한 중생을 교화하시고 위없는 바램을 심어 주지만 중생들은 근기가 엷고 무지하여서 깨닫지도 알지도 못한다. 게다가 열반의 많은 보배 가운데 아주 적은 부분을 얻고서도 우리가 다 얻어 멸도했다고 스스로 만족하여 즐겼으며, 지혜가 없어 어리석은 사람과 같이 스스로 만족하게 생각하여, 천하가 자기 것이 된양 상을 내었으니 이 또한 얼마나 어리석은 중생인가.

부처님은 깨달은 사람을 뜻한다. 불교의 궁극적인 목적은 깨달음을 얻어 부처가 되는 데 있다. 우리가 본래 갖고 있는 보배 구슬인 부처님이 될 성품, 즉 불성을 부지런히 닦아 필경에는 성불成佛할 수 있도록 수행 정진하여야겠다.

말에 머물지 말고 행동하라

현자賢者는 마음을 고요히 가져 몸을 닦고 생활을 검소하게 하여 덕을 기른다. 마음이 맑지 않으면 뜻을 밝게 하지 못하고, 편안하고 고요함이 아니면 생각이 멀리 이르지 못한다. 배움은 모름지기 마음이 고요하여야 이루어지고, 재능은 배워야 하는 것이니 배우지 않으면 재능을 넓히지 못하고 고요하지 못하면 배움을 이루지 못한다. 게으르면 이치의 세밀한 부분을 연구할 수 없고 조급하고 경망하면 성품性品을 다스릴 수 없다.

재능이 태어나면서부터 주어진 것이라면 배움은 태어난 뒤 노력으로 쌓아가는 것이다. 타고난 재능에 노력을 더하지 않는다면 기술밖에 되지 않는다.

배움 또한 그러하다. 배움의 자세는 겸허해야 한다. 스승이라 해서 제자보다 모두 뛰어난 것은 아닐지라도 스승은 삶의 길을 안내해주며 가르치는 일은 그 자체가 신성하기 때문에 존경받는다. 배움은 다만 말에 머물지 말고 익힘과 실천이 더해져야 한다. 그래서 불교는 철저히 수행과 실천을 근거로 삼는다.

'학이시습學而時習 하고 지행합일知行合一 하라'는 문구가 있다. 아침에 배우면 때때로 배운 것을 익혀야 하며, 지식은 다른 사람을 위하여 행동으로 옮겨질 때 그 가치가 배가된다. 말과 행동 또한 일치가 되어야 한다. 말이 먼저 앞서고 행이 따르지 않는다면, 죽은 마음이다. 마음이 없는 것과 같다는 뜻이다. 심즉불心卽佛이라 했다. 마음이 곧 부처라는 말이다. 모든 근원은 마음에서 비롯된다.

우리의 입술은 미소를 지을 때마다 아름다운 꽃 모양이 된다. 그리고 두 손은 꽃잎이 다섯 개 달린 연꽃이다. 우리는 자신의 '꽃 같은 모습'이 지금 이 순간 피어나도록 해야만 한다. 아이든 어른이든 우리 모두는 아름다운 꽃이다. 우리의 눈꺼

풀은 장미 꽃잎이다. 우리가 눈을 감고 있을 때 눈꺼풀은 정말로 하나의 꽃잎처럼 보인다. 우리의 귀는 새들의 노랫소리를 듣고 있는 나팔꽃이다.

틱낫한(Thich Nhat Hanh) 스님은 우리나라를 방문했을 때 우리에게 행복의 의미를 되새기게 하였다. 지칠 줄 모르는 평화 운동가요 시인이며 선승이다. 오늘날 세계에서 달라이 라마와 함께 가장 존경받는 대표적인 수도승이자 영적 스승이다.

달라이 라마(Dalai Lama)도 자기 자신이 평화와 미소가 필요할 때면 틱낫한 스님의 글을 읽는다고 했다. 틱낫한 스님은 우리의 마음을 '밭'에 비유한다. 그 밭에는 기쁨, 사랑, 이해, 즐거움, 희망과 같은 긍정적인 씨앗이 있는가 하면 두려움과 분노, 미움, 절망, 시기, 외로움 그리고 건강치 못한 집착 등과 같은 부정적인 씨앗이 있다.

어떤 씨앗에 물을 주어 열매를 맺을 것인가는 우리의 선택에 달린 일이라고 틱낫한 스님은 말한다. 근간에 보기 드문한 줄기 달콤한 샘물과도 같은 그 말은 우리의 마음을 움직이기에 충분했으리라 생각된다.

음력 사월초파일 부처님은 룸비니 동산에서 꽃비가 내리는 가운데 중생들의 고통을 들어주시고자 화현化現하셨다.

　하늘 위 하늘 아래 오직 내가 홀로 존귀하다
　삼계가 모두 고통이니
　내 마땅히 이를 편안케 하리라
　天上天下 唯我獨尊 三界改苦 我當安之

　어지러운 사바세계에 몸을 나투시며 행복한 마음을 가질 수 있는 명제를 심어주시고자 우리에게 전한 메시지이다. 부처님이 이 세상에 오신 뜻을 바로 알아 오탁악세에 빠져 헤매는 중생들을 사랑과 자비로 제도하여 만인류의 평화를 구현하여야겠다.

삼생의 인연

예나 지금이나 결혼은 인륜지대사人倫之大事이다. 옛날에는 남녀 간의 결혼에 반드시 중매하는 정식 절차가 있어야 했다. 중매 없이 남녀 간에 결혼하는 일을 크게 문제시했다.

이러한 결혼 윤리는 오늘날에 맞는 것이라고는 할 수 없다. 그러나 아무리 시대가 변하고 결혼관이 달라졌다고 하더라도 결혼은 인류의 대사이고 신성한 의식이라는 생각은 변함이 없어야 한다.

결혼이란 두 남녀가 만나서 새로운 독립된 가정을 이루는 잔치인 동시에 엄숙하고 경건한 절차이기 때문이다.

우리나라의 전통혼례식에는 두 남녀의 결혼을 하늘에 고하고 백년해로를 다짐하는 차례가 있다. 그만큼 혼인식은 신성한 의식이었던 것이다. 그런데 오늘날에는 결혼을 경솔하게 여기는 풍조가 있는 것 같다. 남녀가 만나서 눈이 맞아 좋아하다가 결혼하게 된다. 그리고 조금 살다가 서로의 성격이 맞지 않거나, 뜻이 맞지 않는다 하여 또 쉽게 헤어진다. 결혼이라는 만남과 이혼이라는 헤어짐이 너무 쉽게 일어나고 있는 것이다.

부부의 인연은 그냥 맺어지는 것이 아니다. 요즘 젊은 부부들 상담 대부분이 이혼 문제이다. 그 원인은 시대에 따라 많이 다르나 현재는 70~80%가 경제적인 문제이다. 경제적으로 힘이 든다고 헤어져야 한다니 너무 야박한 것이 아닌가 싶다. 옛날이야기를 하는 것이 요즘 실정과 맞지 않는다 해도 옛 선인들의 좋은 점은 우리가 본받아야 할 것이다.

집안 형편이 어려우면 남자는 산에 가서 나무도 하고 남의 집에 가서 품앗이도 해서 어렵지만 서로 의지하면서 가장으로서 책임을 다했다. 여자는 잔칫집 설거지와 허드레 일을 돕고 그래도 안 되면 자신의 머리카락을 잘라 경제적 어려움을 해결했다. 그만큼 부부라는 울타리는 그 누구도 넘지 못하는 경계가 있었다.

부부는 평생을 서로 사랑하고 존경하며 어려운 일이 있더라도 함께 헤쳐 나가야 할 동반자인 것이다. 부부의 인연은 삼생三生을 걸쳐 만난다 했다. 쉽게 만나고 쉽게 헤어지는 사이가 아니라는 말이다.

부자가 되면 친구를 바꾸고 몸이 귀하게 되면 아내를 바꾼다고 한다. 이것은 인격체로써는 가질 수 없는 행동이다.

가난할 때 사귄 친구는 잊어버리면 안 되고
어려움을 같이한 아내를 박대해서 안 된다
貧賤之交不可忘 糟糠之妻不下堂

이 말은 깊이 새겨야 할 것이다. 환경과 조건이 좋아지더라도 과거가 없이는 이루어지지 않는다. 현재의 위치에서 더 넓은 안목을 가지는 것이 이 시대를 살아가는 데 현명한 처세술일 것이다.

복을 짓고 덕을 베푸는 도리

기억하고 외우고 배우는 것에 그쳐서는 안 된다. 특히 자라는 어린이들에게는 배우지 않고도 아는 것과 타고난 능력을 길러주어야 한다. 그러므로 성인聖人이나 현자賢者들의 훌륭한 말들을 먼저 들려주는 것이 중요하다.

옛 시대와 지금 시대에 구애받지 말고 먼저 효성과 공경, 충성과 신의, 예의와 염치에 관한 고사故事와 무용담을 들려주면 어린이들은 그 도리를 깨닫게 되고 이것이 오래되어 마음 깊이 새겨지면 덕성이 자연스럽게 우러나올 것이다.

부처님은 전생에 복덕을 부지런히 닦을 때에 한 구절의 법문을 후세 사람들에게 전해주기 위해서 악귀나찰惡鬼羅刹에게 끓는 피를 보시한 적도 있고, 또 죽게 된 호랑이 새끼를 구하기 위해서 굶주린 어미 호랑이에게 몸을 던져 밥이 된 적도 있다. 그뿐만 아니라 부처님의 전생 설화 속에는 부처님이 코끼리나 사슴의 왕이 되기도 하고 비둘기의 몸을 받기도 하고, 원숭이의 왕이 되어서 자신을 희생한 이야기가 수없이 많다. 그런 설화를 들을 때마다 우리는 거룩한 부처님의 모습에 환희심이 샘솟는다. 그러나 부처님과 같은 거룩한 행을 실천하는 것은 중생들에게는 매우 어려운 일일 것이다.

그러나 언론에서 간간이 남을 구하려다 자기 자신은 정작 목숨을 잃은 살신성인殺身成仁 정신들을 볼 수 있다. 얼마나 의로운 행인가. 모든 것은 마음먹기에 달려 있다. 타인에게 덕을 베풀면 그 복은 반드시 금생에 내지는 다음 생에 자기에게 돌아온다는 것을 말하고 싶다.

다음은《차산필담此山筆談》에 실려 있는 이야기 중 일부이다.

김번이란 사람이 있었다. 서울의 남산 밑에 살았는데 문학과 덕행으로 서울에서 이름이 나 있었다. 그의 부인 또한 현숙한 사람이었다. 어느 날 아침 식전에 평소 잘 알고 지내는 손님이 그의 집에 들렀는데, 이 사람은 집 앞에서 김번의 하인이 쇠고기를 들고 들어가는 것을 보았다. 주인과 손님 사이의 간단한 인사를 마치자 아침상이 들어왔는데 고기는 한 점도 없고 채소 반찬만 놓여 있었다. 손님이 이상해서 물었다.

"자네 집에 무슨 일이 있는가? 아침에 쇠고기를 사오는 것을 보았는데 아침상에는 한 점도 안 보이네!"

그러자 김번은 도리어 이상하다는 듯이 대답했다.

"글쎄, 나는 전혀 모르는 일인데."

그러면서 문을 열고 하인에게 물어 보았다. 그러자 하인이 이렇게 대답하는 것이다.

"아주머니께서 오늘 아저씨 생신이라 고기를 사다가 음식을 하려고 부뚜막에 올려놓았는데, 이를 개가 몰래 훔쳐 먹더니 마당에 나가 즉사하였습니다. 아주머니께서 보고 놀래서 물으시기를 '네가 이 고기를 사 올 때 혹시 너보다 먼저 사 간 사람이 있었느냐?' 하시길래 '없었는데요'라고 했더니, 아주머니께서 '내가 사람들이 이 고기를 먹고 죽는 것을 구해야겠다' 하시고 바느질로 모아둔 돈 서른 꿰미를 꺼내어 저를 시켜 그 쇠고기를 전부 사오라고 시켜서 방금 뒷마당에 파묻었어요. 개 때문에 아저씨 진지 상에 그 고기가 안 올랐기에 망정이지 큰일 날 뻔 하셨어요."

이 말을 들은 김번은 안채로 가서 부인의 손을 잡으며 칭찬하여 말했다.

"부인! 참 어진 일을 하셨소. 이런 음덕이 있으니 우리 집에 반드시 좋은 일이 있으리다."

이 일이 있고도 몇 번의 음덕을 더 쌓은 김번과 아내의 이야기는 결국 임금의 귀에까지 알려져 초야草野의 어진 선비로 후한 상과 벼슬을 받았다고 한다.

교육은 암기에 그치는 것이 아니라 스스로 깨닫도록 하는 것이 더욱더 중요하며 그 속에 담긴 뜻을 깨우쳐 자신의 것으로 만들도록 하여야 한다.

거꾸로 사는 삶

음력 7월 15일은 백중 또는 우란분절이라고 한다. 돌아가신 조상과 부모 그리고 인연 있는 영가들이 극락세계에 태어나도록 발원하는 천도재를 지내는 날이다.

우란분재라고도 하는데 우란분은 '울람바나ullambana'에서 온 말로 '거꾸로 매달려 있다'라는 뜻이며, 재齋는 베푼다는 뜻이다. 그러니까 우란분재는 거꾸로 매달린 상태에서 벗어나고 묶여 있는 상태에서 해방되도록 대중에게 공양을 베푸는 것이라 할 수 있다.

《목련경目連經》《우란분경盂蘭盆經》《정토삼부경淨土三部經》은 이날과 관계있는 불교 경전이다. 《부모은중경父母恩重經》에서는 살아있는 부모에게 자식이 해야 할 도리를 가르치고 있다. 그중에서 《목련경》에 나오는 목련존자 어머니 이야기를 들어보자.

부유한 집안에서 태어난 목련존자는 아버지가 돌아가시자 모든 재산을 상속받는다. 목련존자는 받은 재산을 세 등분하여 하나는 어머니 몫으로 드리고, 또 하나는 어머니께 맡기면서 아버지를 위해 가난한 사람들에게 베풀어 달라고 당부했다. 그리고 자신은 나머지 하나를 가지고 장삿길을 떠났다.

　　여러 나라와 도시를 다니며 장사를 하던 목련존자는 어느 날 부처님을 만나 출가를 결심하고는 어머니에게 마지막 인사를 하기 위해 고향으로 돌아왔다.

　　그런데 아들이 떠나 있는 동안 목련존자의 어머니는 가난한 사람들에게 베풀기는커녕 가축을 길러 도축을 해 장사를 했다. 그것도 모자라 가난한 사람이 찾아오면 욕을 하면서 쫓아냈다. 그래서 이웃 사람들로부터 많은 비난을 받았다.

　　아들이 돌아온다는 소식을 들은 어머니는 피비린내가 가득하던 집안을 싹 치워 장사를 한 흔적을 없애고 뒷마당에 빈 그릇을 쌓아놓았다. 그러고는 돌아온 아들에게 자신이 오늘도 가난한 사람들 500여 명에게 공양을 올렸다고 거짓말을 했다.

세월이 흘러 목련존자의 어머니도 세상을 떠났다. 목련존자가 신통력을 써서 자신의 어머니를 찾아보니 생각과 달리 지옥에서 거꾸로 매달려 온갖 고통을 겪고 있었다. 가슴이 너무 아파 존자는 부처님께 어머니를 지옥에서 구할 방법이 무엇인지 물었다. 그러자 부처님은 목련존자에게 어머니 대신 많은 공덕을 쌓으라 하며 부처님께 올리는 공양과 같은 공덕이 네 가지가 있다고 했다.

그 첫째가 굶주리는 자를 먹이는 공덕이요, 두 번째는 병든 사람을 치료하는 것이요, 세 번째가 가난하고 외로운 자를 돕고 위로하는 공덕이며, 네 번째가 부처님의 가르침을 따르는 청정한 수행자들을 보호하는 공덕이다.

그래서 안거가 끝나는 날, 많은 스님들에게 갖가지 공양을 올려 그 공덕으로 목련존자의 어머니가 지옥을 벗어날 수 있었다고 한다.

부처님은 우리가 고통스러운 것은 이와 같이 거꾸로 된 삶,

잘못된 생각, 어리석음 때문이라 하셨는데 이를 무명無明이라고도 한다. 《반야심경》에는 뒤집어진 생각, 헛된 생각이라는 뜻으로 전도몽상顚倒夢想이라고 한다.

우리가 자유와 행복을 위해 나름대로 영리하게 살았다고 자부했는데 고통을 자초하는 삶이 되어 자기가 의도하는 것과 정반대의 결과가 되기도 한다. 이것이 '우란분'이다.

어린이 마음이 부처님 마음

어린이 포교는 수미산(須彌山, 세계의 중심에 있다고 하는 상상의 산)을 올라가는 수행과 같다. 부처님은 어린이 포교를 직접 지도한 적이 많았다.

경전에는 어린이에 대한 교화 사례가 많이 등장하는데《육방예경》에 나오는 선생先生과《사문율》에 나오는 라훌라Rahula에 대한 이야기가 대표적이다.《증아함경》《출요경》《소복경전》《자선경》등에도 어린이의 수준에 맞춰 설법하신 이야기가 많이 나온다. 상대의 근기에 맞춰 설법하시는 것은 오늘날의 눈높이 교육과 같은 최상의 교육 방법이다.

부처님은 '동심불심童心佛心'이라는 말씀을 하셨다. 어린이의 마음이 곧 부처님의 마음이라는 것이다. 이렇듯 순수하고 물들지 아니한 어린이들에게 과연 어떻게 포교를 하고 부처님의 말씀을 잘 전하여 가슴에 새겨줄 수 있을까? 또 현재 어린이 법회를 운영하고 있는 사찰은 몇 곳이나 될까? 많은 사찰에서는 엄두도 내지 못하고 있는 실정이다.

그 첫째가 운영 자금이 문제이고, 두 번째가 지도 교사가 없으며, 셋째는 장소와 프로그램이 문제이다. 이 세 가지 문제가 우선 해결이 되지 않으면 어린이 포교는 시작도 하지 못하는 것이 여러 사찰이 안고 있는 화두다. 문제의 해결 방안을 찾아보면 어린이법회 운영 자금은 신도, 신행단체, 사찰에서 다양한 활동을 통한 수익사업으로써 조달할 수 있다.

지도교사 문제는 주지스님 이하 대중스님들이 중·고등학생과 대학생들을 교육시키는 등 인재를 양성하여야 한다. 스님이 직접 법회를 운영하게 되면 사찰 소임을 보느라 어린이 포교에 대한 연구가 되지 않을 뿐더러 주먹구구식으로 법회를 운영하게 된다.

요즘의 어린이는 기성세대가 자랄 때와는 너무 다른 세대인 것을 감안하고 새로운 교육 방법을 찾아야 한다. 그리고 사찰에서는 법당을 개방하고 시간을 자세히 안내해서 신도들의 수행 생활에 방해가 되지 않으면서도 어린이들이 이용할 수 있도록 해야 한다.

사찰은 어린이들에게 쉴 수 있는 가장 안락한 공간으로 인식되어야 한다. 부처님이 계신 법당에 오면 포근한 자비의 손길이 느껴지는 그런 곳이 바로 사찰이어야 한다. 무조건 '떠들지 마라, 조용해야 한다, 조심하라'는 소리에 어린이들은 몸을 움츠리게 되고 불편함을 느끼게 된다. 모든 것에서 자유를 느끼게 해야 한다. 그런 속에서 질서와 예절을 익히게 해야 할 것이다. 스님들이나 어린이 지도교사, 포교사들은 어린이 포교가 가장 힘들다고 생각한다. 왜냐하면 어린이의 행동 특성상 집중력도 떨어지고 부처님 말씀이 어려워 전달해도 알아듣지 못하기 때문이다.

어린이들의 공통점은 눈으로 보고 직접 만져봐야 이해가 빠르다. 프로그램을 만들 때 직접 참여할 수 있고 체험할 수 있는 방법으로 진행을 시킨다면 보다 쉽게 부처님 법을 전할 수 있으리라 생각한다.

어린이 포교라는 명제는 이 시대를 살아가는 모든 지도자와 스님들이 공유하고 있는 문제다. 그러나 '백척간두 진일보'라는 말이 있다. 어렵고 힘든 여건 속에서도 진흙에 물들지 않는 연꽃처럼, 그물에 걸리지 않는 바람처럼, 큰소리에도 놀라지 않는 사자처럼, 당당하고 보람 있게 행한다면 어린이 포교의 미래는 아주 밝다고 믿는다.

배 속의 아이

집안에서 누군가 결혼을 하면 대부분 손孫을 이어주기 위해, 대가 끊어지면 안 되기 때문에 등등의 이유로 해서 자식을 원한다. 그러나 생각지도 못한 불가피한 사정으로 인해 사산, 유산, 낙태를 하게 되는 경우가 많다.

하루에도 수천 명씩 연간 250여 만 명의 태아가 이러한 이유들로 인해 세상의 빛을 보지 못하고 인연을 다하게 되는 경우가 많다고 한다. 태아는 임신 첫 주부터 엄연한 인격체이다. 세상에 태어나지도 못하고 무주고혼이 되어 갈 길을 잃고 헤매는 미생 태아를 모두가 참회하는 마음으로 천도를 해줘야 한다.

불교에서는 낙태 행위를 불살생계를 어기는 것과 다름없는 행위라고 규정하고 있다. 그러나 부처님의 가르침은 극단적인 것이 아니기 때문에 항상 참회를 할 수 있도록 길을 제시하고 있다. 계율도 마찬가지다. 그 바탕에는 항상 중도中道 정신이 깔려 있다. 중도라는 것은 계율을 지켜야 할 때는 철저히 지켜야 하지만 불가피한 상황에서는 얼마든지 피할 수 있다는 것이다. 그 단적인 예로 오계五戒, 십계十戒에 불살생계가 있다. 하지만 나라가 위기에 처했을 때는 나라를 구하기 위해 승병을 조직하여 왜군을 죽일 수밖에 없었던 일과 같이 상황에 의해 불가피한 경우가 있다. 낙태나 유산, 사산 등도 이와 같다.

사전에 예방하여야 하겠지만 불가피한 상황이 발생할 수 있다. 그럴 경우에는 반드시 그에 대한 참회의 기도를 해야 한다. 그것이 바로 태아 영가 천도재인 것이다. 태아 영가는 자기의 죽음을 모른 채, 10년 동안을 어머니 주위를 맴돌면서 어머니를 그리워한다.

귀자모신鬼子母神이라는 신이 있는데《불설귀자모경佛說鬼子母經》과《법화경》〈다라니품〉제8권에 나온다. 애자모愛子母, 천모

天母, 공덕천功德天이라고도 부르는데 이 신은 본래 귀신의 처로 오백의 아이를 낳았으며, 성품이 포악해 남의 아이를 잡아먹는 야차녀夜叉女였다.

부처님은 야차녀를 제도하기 위해 그 자식 중의 한 명을 몰래 숨겼다. 그러자 야차녀는 창자가 끊어지는 애통함을 느꼈는데, 이때 부처님께서 말씀하셨다.

"오백 명의 자식 가운데 한 명을 잃고도 너는 이렇게 슬퍼하는구나. 너에게 자식을 잡아먹힌 부모의 가슴은 어떠하겠느냐?"

야차녀는 깊이 참회하였다. 그리고는 불교에 귀의 서원을 세워 안산安産과 유아 보호의 신이 되었다.

태아 영가는 다른 어떤 영가보다 빨리 다른 곳으로 가지 못하고 부모의 주위에서 십년을 기다리다 그 그리움이 증오심으로 바뀌어서 부모나 주위 사람들에게 해를 입힐 수도 있다는 것이다. 그렇지만 태아 영가가 자신이나 주위 사람들에게 해를 끼치니까 그것이 두려워서 천도재를 지내야겠다는 생각은 어리석은 마음을 내는 것이다.

자기 스스로 도의적인 측면에서 그리고 세상 밝은 빛을 보지 못하고 인연을 다한 태아 영가의 극락왕생을 발원하는 마음에서 천도재를 지내주어야 할 것이다.

  그러면 내생에 자신은 물론이요 태아 영가와 주위 모든 사람들이 좋은 인연으로 복덕을 구족하고 성불의 성품을 가지는 것이 아닌가 싶다.

버리고 또 버려라

우리는 매일매일 죄를 짓고 참회하고 하는 일을 되풀이한다. 우리에게 과연 무엇이 행복을 가져다 줄 것인가? 각자가 다를 것이다. 아픈 이는 무병이 행복이요, 가난한 자는 재물이 많아야 행복일 것이며, 자식이 없는 자는 자식을 가지는 일이 행복일 것이다.

이렇듯 제각각 모두가 행복의 목적이 다르다는 것은 누구에게나 보듯이 알 수 있다. 그러나 그 목적을 얻기 위해서라기보다는 참된 행복을 위하고 맺힌 것을 풀고 그리고 앞으로도 더욱 원만하게 살아 갈 수 있는 길이 참회이다. 철저하게 자기 자신을 낮추고 자기를 없애야 진정한 의미의 참회라고 할 수 있다.

천태지의(天台智顗, 538~597) 스님이 대승불교 수행법에 관해 쓴 《마하지관摩訶止觀》에서는 이것을 사참법事懺法과 현참법現懺 法으로 구분한다.

사참은 몸(身)과 말(口)과 뜻(意)으로 과거와 현재에 지은 죄 업을 참회하는 것으로, 참회라 할 때는 보통 이것을 가리킨 다. 이는 수사분별참회隨事分別懺悔, 즉 일에 따라서 분별하여 참회하는 것이다. 몸으로 부처님께 예배를 드리고 입으로 찬 탄의 게송을 외우며, 마음으로 성스러운 모습을 그리면서 죄 업을 참회한다.

절에 와서 부처님에게 정성스럽게 몸을 빌어 간절하게 기 도하면서 입으로는 삿된 말을 한다면 진정한 참회가 될 수 없 다. 또한 입으로 열심히 경구를 외우면서 행동이나 생각을 삿 되게 한다면 진정한 참회의 기도가 될 수 없는 것이다. 신身, 구口, 의意가 같이 이루어져야 진정한 참회의 공덕이 이루어질 것이다.

이참은 일체의 죄는 마음에서 일어나므로 죄의 실상이 공 적空寂함을 깨달아 죄를 멸하는 것이다. 즉 제법의 실상을 관찰하여 참회를 얻는 것으로 관찰실상참회觀察實相懺悔라 한다.

지난 세상 제가 지은 모든 악업은
무시이래 탐심, 진심, 어리석음이
몸과 말과 뜻으로 지었음이라
제가 이제 남김없이 참회합니다
我昔所造罪惡業 皆由無始貪瞋癡
從身口意之所生 一切我今皆懺悔

이 게송은 우리의 악업은 현재 이생에서만 짓는 것이 아니라
시작도 알 수 없는 전생인 무시이래부터 지어왔다는 뜻이다.
그 악업의 씨앗은 탐욕과 분노와 어리석음의 삼독심三毒心이
며 삼독심에 의해 몸과 말과 생각으로 갖가지 나쁜 업을 지었
다는 것이다. 그렇다면 악업의 씨앗인 이 삼독심은 어디에서
생겨난 것인가 말이다.

이것은 바로 '나'에서 생겨난 것이다. 내가 아니면 안 된다
는 생각, 모든 것이 나로 인해 시작되고 나로 인해 정리되어

자기로 인해 끝을 맺어야 된다는 욕심이 자신 안에 가득 차 있기 때문이다. 자신을 버리지 못한다면 자신은 점점 더 깊은 늪지대에 빠지는 것과 같고 사방이 벽으로 막혀 더 이상 빠져 나올 수도 도움을 받을 수도 없어지면, 결국은 무간지옥에 빠지고 말 것이다. 나라는 집착에서 벗어나는 길이 바로 하심下心하는 기도, 참회기도이다.

중생인지라 모든 욕심을 버리기가 어려울 것이다. 어렵기 때문에 잠시 망각하고 악업을 받아 지니려고 탐貪, 진瞋, 치癡 삼독의 주위를 끊임없이 집착하며 지낸다면 얼마나 어리석은가? 버리고 나누며 산다면, 자연히 건강도 마음도 정신도 행복해질 것이다. 끊임없이 게송을 외우면서 오늘도 우리 모두 참회기도를 해야 할 것이다.

방하착

어느덧 찬바람이 조석으로 몸을 움츠리게 하는 계절이다. 자연스레 긴팔 옷을 꺼내입고 방바닥에는 보일러를 돌려야 잘수 있다. 여름에는 이 더운 날들을 어찌 보내나 하며 걱정했는데, 겨울에는 또 추위를 걱정하며 지낸다. 여름은 더워야 맛이고, 겨울은 추워야 맛이라고 애써 위로하지만 몸은 긍정하지 못한다.

하늘과 땅이 나와 한 뿌리이고
모든 물건이 나의 몸이라 했듯이
세상이 나와 더불어
한 뿌리이고 한 몸이 아닌가

天地與我同根 萬物與我一體

《벽암록碧嚴錄》에 나오는 말이다. 이 세상의 모든 존재는 시공간적으로 서로 의지하는 연기의 관계가 아니면 존재할 수 없다. 삼라만상은 사람과 동물, 꽃과 식물, 달과 별, 바람과 물이 어우러져야 존재할 수 있다. 어느 것 하나 소중하지 않은 것이 없다.

무더운 여름도, 추운 겨울도 결국 내가 존재할 수 있는 소중한 것이며 나와 한 몸이라는 말이다. 우리가 살아가는 방식과 행동은 제각각 서로 다르지만 그 또한 나를 지탱하는 소중한 것들이다. 서로 싫어하거나 미워하면서 사는 것은 결국 서로가 죽을 수밖에 없는 이치다. 함께 어울려서 살아간다는 것 자체가 궁극의 행복이라 할 수 있다.

수행修行 또한 그러하다. 우리가 갈구하면 할수록 알음알이가 생겨 깨달음과는 멀어진다. 그 알음알이를 깨뜨리기 위해 끝없이 정진하는 것이 아닌가. 지극한 정성으로 올리는 기도도 성취되어야 한다는 욕심으로 한다면 기도가 아니라 욕심

채우기에 불과하다. 대학 입시 기도를 하더라도 합격을 목표로 기도를 하면 떨어지는 사람이 생기게 된다. 내 욕심을 채우기 위해 남의 불행을 만드는 기도를 하는 것은 진정한 기도가 아니다. 대학에 합격을 하면 기뻐하고, 떨어지면 기도해도 소용없다는 식으로 일희일비할 것이 아니라 합격과 상관없이 내 마음이 여여할 수 있는 것이 진정한 기도의 힘이다.

모든 것은 하심下心에 그 답이 있다. 방하착放下着이라는 말도 같은 뜻이다. 내려놓는다는 것은 자기를 드러내지 않는 말이다. 드러내지 않는다고 없어지는 것이 아니라 서로를 살리는 길이기 때문이다. 서로를 드러내면 낼수록 죽음의 길로 가는 것이다. 나를 내려놓고 하심으로 살아가는 태도는 의식으로 알아차리는 것이 아니라 내 몸을 숙이는 데서 출발해야 한다. 의식이 지배하는 것보다 습관으로 행하는 것이 행복으로 가는 지름길이다.

우리의 삶을 가만히 들여다 보면, 우리는 거꾸로 살아간다. 조금 덥다고 여름을 싫어하거나 더위를 무서워하고, 춥다고 겨울을 싫어하거나 무서워한다. 남들과의 경쟁에서는 언제나

이겨야 한다고 생각한다. 이기지 못하면 실패한 인생이라며 좌절한다. 사랑해야 할 가족을 가장 미워하거나, 직장 동료나 상사 때문에 회사 생활이 힘들다고 한다. 군인들의 이야기를 들어봐도 훈련생활이 어렵고 고된 것이 아니라 인간관계가 힘들다고 하소연한다.

죽어라고 노력하고서도 다시 한 발 더 나아가라고 세상은 외친다. 그래야 경쟁에서 이길 수 있다고 말이다. 이제 그만하면 됐다. 적당한 삶이 필요한 때이다. 여기서 말하는 적당한 삶은 대충대충을 의미하는 것이 아니라 서로 연관되어 있음을 알아 욕심 채우기를 그만두고 행복으로 나아가는 행동을 할 때라는 뜻이다.

세상 만물은 서로 어우려져 돌아간다. 서로를 살리고 있다. 이러한 자연스러움을 몸에 배게 하기 위해서는 급하지 않게 천천히 정진해야 한다. 적당한 삶은 내가 사는 길이다.

나는 지난날 과거 오백 생 동안

그 어떠한 곤욕스러운 일도 참아내는

인욕행을 실천해 보인 수행자였느니,

나는 아상과 인상과 중생상과

수자상이 없었기에 가리왕에게

인욕바라밀을 실천할 수 있었던 것이니라.

그대, 사랑해본 적 있는가

몸에 병 없기를 바라지 말라

생선을 싼 종이와 향을 싼 종이

앙굴리말라의 해탈

마음속의 등불

이익을 따지는 것이 가장 큰 손해

49일 동안 이별 연습

한 발 물러나 지켜보라

한 가지에 몰두한 결과

어떻게 정성을 다할 것인가

존경과 사랑을 받는 법

침묵하는 말의 무거움

작은 것에 만족하는 마음

욕심내면 편할 날이 없다

행운과 행복의 차이

싸움은 혼자서는 할 수 없다

사람의 향기

그대, 사랑해 본 적 있는가

그대, 사랑해본 적 있는가

사람의 생은 사랑으로 이어진다. 부모님의 사랑, 형제간의 사랑, 연인과의 사랑, 동물들을 사랑하는 마음, 자연을 사랑하는 것 등 사랑으로 수태되어 사랑으로 양육되며 사랑하다 떠난다. 그러나 안타깝게도 이러한 사랑이 자기중심주의로 끝나버리고 자신을 위해 남을 희생시키는 것이 중생의 삶이다.

부처님의 가르침은 이러한 작은 사랑을 일체중생을 향한 큰사랑으로 변화시킨다. 모두가 나를 향한 은혜로 받아들이고 감사하는 삶이 불교도의 삶이다. 나를 위하여 수고하는 일체중생에게 사랑으로 회향하는 것이다.

불교의 수행은 작은 애욕의 집착을 끊는 것이지 사랑의 마음을 저버리는 것이 아니다. 사랑의 마음, 이는 믿음의 종자요 깨달음의 기틀이다. 남을 사랑함으로써 사랑받는 아름다운 삶, 아름다운 세상을 만들어가는 것이 우리가 바라는 모습이다. 우리가 불보살의 사랑을 믿음으로써 우리의 한계를 벗어나야 완성의 세계로 나아갈 수 있다. 신앙은 바로 이 불보살의 능력을 간구하는 것이요, 우리의 지극함으로 보답하는 것이다.

사랑하는 연인이 있었다. 어느 날 둘은 냇가로 가서 서로의 사랑을 고백하기에 이르렀는데 남자는 벅찬 가슴을 억누르지 못해 어찌할 바를 몰랐다. 애꿎은 풀만 쥐어뜯다가 사랑하는 마음을 도저히 말로 표현할 수가 없어서 남자는 자기가 써 온 편지를 꺼내 조용한 목소리로 읽기 시작했다.

여자는 가만히 듣다가 말했다.

"당신이 읽는 것은 나를 사랑한다는 말이 아닙니까? 그런데 나는 여기 옆에 있습니다. 편지를 읽을 것이 아니라 나를 사랑하세요."

여자는 그 남자에게 실망한 것이다. 남자는 그때야 정신을 차리고 누구도 대신할 수 없는 보이는 모습 그대로 사랑하는 여인에게 자기 마음을 표현할 수 있었다. 진실된 사랑이란 가식도 없고 부끄러움도 없어야 한다. 진실한 마음은 서로에게 감정을 교감시켜주기 때문이다.

어떤 사람이 위대한 수행자를 찾아와서, 신을 사랑하고 싶으니 그 길을 가르쳐 달라고 말했다. 수행자는 물었다.

"누구와 사랑해본 적이 있는가?"

그러자 그 사람은 세상 일에는 관심이 없고 단지 신만을 원한다고 답했다. 이 말은 듣고 수행자는 다시 물었다.

"부디 다시 한 번 생각해보라. 어떤 여자나 어린이를 사랑해본 적이 있는가?"

그러자 그 사람이 대답했다.

"저는 세속적인 사람이 아니라 종교적인 사람이라서 어떤 사람도 사랑해본 적이 없습니다. 어떻게 하면 신에 이를 수 있나를 알고자 할 따름입니다."

그의 대답을 들은 위대한 수행자는 눈물을 흘리며 말했다.

"그렇다면 불가능하다. 먼저 그대는 누구를 사랑해보거라. 이것이 신을 향한 첫걸음이다. 그런데 그대는 아직까지 신을 향한 첫걸음도 떼어보지 못했다. 돌아가서 누군가를 먼저 사랑해라."

불교든 기독교든 종교를 신앙한다는 우리들 모습과 다르지 않다. 사랑이란 집착도 아니요 그저 마음에서 나오는 진실함 그 자체이다. 지나간 과거가 어찌되었든 이제부터라도 사랑하는 마음을 일으키는 지혜가 필요하다.

몸에 병 없기를 바라지 말라

《법구경》에 이런 말씀이 나온다.

　　건강은 최상의 이익이요,
　　만족은 최상의 재산이며,
　　신뢰는 최상의 인연이다.
　　그러나 마음의 평안보다
　　더 행복한 것은 없다.

건강한 정신은 건강한 신체에 깃든다고 했다. 몸에 병이 들면
그 상황에서는 밝고 바른 생각이 생겨날 수가 없다. 마음과
몸이 균형을 이루는 건강은 행복한 생활을 하는 데 있어서 불

가결한 것임은 두말할 필요도 없다.

몸에 병이 났을 때는 무엇을 탓할 것이 아니라 이것을 오히려 전화위복의 계기로 삼아야 하겠다. 병이 오면 몸이 아플 뿐만 아니라 신체가 쇠약해지며 경제적으로 곤란을 받게 되니 바람직한 일이 아니다. 그뿐만 아니라 가족에게까지 누를 끼치게 돼 고통스러운 일이 아닐 수 없다.

그러나 때로는 몸이 아파서 좋은 경우도 있다. 평소에 바쁜 일에 쫓겨 자기를 모르다가 반성할 수 있는 기회가 되기 때문이다. 아플 때일수록 가족의 소중함과 많은 지인들을 생각하며 감사한 마음을 되새길 수 있는 계기로 삼을 수 있다.

옛부터 선인이 이르기를 아주 무병無病한 것보다는 한 번쯤 앓아보는 편이 좋다고 했다. 건강에 조심할 수 있는 기회가 되기 때문이다. 평소에 잔병치레를 많이 하는 사람들이 오히려 더 장수하는 경우이다. 평소에 건강을 자신하고 당당한 사람은 돌연사 또는 단명하는 일이 더 많다. 그래서 건강은 장담하면 안 된다.

몸이 아픈 것을 싫어한다든지 또는 고맙게 여긴다든지 하

는 것은 본인의 자유이지만 그것을 어떻게 받아들이느냐에
따라 인생은 밝아지기도 하고 어두워지기도 한다.

〈보왕삼매론寶王三昧論〉에서도 가르치고 있다.

몸에 병이 없기를 바라지 말라.
몸에 병이 없으면 탐욕이 생기기 쉽나니,
그래서 성인이 말씀하시되,
병고로서 양약을 삼으라 하셨느니라.

사실이 그렇다면 몸이 아플 때 오히려 감사하게 생각하는 것
이 훨씬 득이 된다. 병은 마음에서 오는 것이라고 한다면 생
각에 따라 회복도 빨라질 수 있기 때문이다. 숙업宿業은 결코
운명으로 돌린다는 뜻이 아니라 화를 뒤집어서 복이 되게 한
다는 뜻이다.

생선을 싼 종이와 향을 싼 종이

세종 때 퇴계退溪 이황李滉 선생이 있었는데 그가 재상에 오르자 많은 사람들이 찾아와 문전성시를 이루었다. 높은 재상이 되었으니 청탁을 넣고자 하는 인파들이었다. 어떤 이는 금전을 싸들고 왔고, 어떤 이는 곡물과 기이한 재물로써 퇴계 선생에게 자기를 인식시키기 위해 노력했다.

하지만 퇴계 선생은 모든 것을 돌려보냈으며, 가지고 가지 않은 물건들은 대문 밖에 걸어 많은 백성들이 보게 했다. 청탁을 하는 방법으로 자신의 이익을 얻지 못할 것이라는 경고를 온 백성에게 하고자 함이었다.

다산茶山 정약용丁若鏞은 공복公僕철학을 강조했다. 남양주에 있는 여유당與猶堂의 유물 전시관 앞 50여 개의 나무 기둥에

적힌 다산의 가르침은 다시 우리에게 많은 교훈을 남긴다.

수령이 청정하지 않으면
백성들이 수령을 도적으로 지목한다.
수령은 백성을 위해 있는 것인가,
백성이 수령을 위해 사는 것인가.
牧之不淸 民指爲盜 牧爲民有乎 民爲牧生乎

하나를 가지면 또 하나를 가지고 싶어하는 게 인간의 욕심이
다. 많이 가질수록 좋은 것이 있는가 하면 없을수록 좋은 것
이 있음을 알아야 한다. 법담을 나눌 수 있는 좋은 도반은 다
다익선多多益善, 즉 많을수록 좋은 일이지만 재물은 그렇지 아
니하다.
  《초발심자경문》중 〈계초심학인문誡初心學人文〉을 보면 "재색
지화財色之禍 심어독사甚於毒蛇"라는 말이 있다. 재물과 여색의
화는 독사보다 더 무섭다는 뜻이다. 재물이 많아지면 권력을
갖고 싶고 권력이 생기면 또한 높은 지위를 탐하게 된다. 이

모든 것이 부질없는 줄 알아야 한다. 그리하여 베푸는 삶을 살아야 진정한 아름답고 보람된 삶이라 하겠다.

불국사 주지로 계시면서 청계사 회주로 계시는 종상 큰스님께서 하신 말씀이 문득 생각난다. "베풀지 않는 이는 도둑과 같다." 이 말은 항상 나의 화두처럼 느껴진다. 도둑이나 보시를 행하지 않는 자나 다를 것이 없다. 권력이라 함은 백성을 위해 베풀어야 하는 것이지 자기의 배를 채우고 군림하라고 주어진 힘이 아니라는 이야기다.

요즘 젊은 사람들은 언젠가부터 주위의 벗을 잘 사귀지 못한다. 젊은이들 뿐만 아니라 대부분이 그럴 것이다. 주위의 벗을 잘 사귀면 본인에게도 좋은 것을 그러지 못하고 이해관계 속에 얽히고 매여 뭉치고 흩어진다.

지혜로운 이를 가까이 하면 좋은 일이 생기고 어리석은 사람을 벗하면 재앙이 닥친다. 아무리 싱싱한 생선이라도 오래두면 썩는 법이다. 재물은 영원히 갖고 있을 수 없지만 마음의 향은 변함이 없이 세세생생에 이어질 것이다.

똑같은 종이에 무엇을 담느냐에 따라 그 종이의 성질이 달라진다. 생선을 싼 종이는 시간이 지나면 썩은 생선 냄새가 나지만, 향을 싼 종이는 시간이 지날수록 그 향의 냄새가 더욱더 맑고 좋게 느껴진다. 이것은 당연한 이치다.

지금 우리들에게 가장 중요한 것은 서로에 대한 믿음이다. 마음의 문을 열고 믿음을 주고 믿음을 느끼면서 살아가보자. 한결 삶이 부드러워질 것이다.

앙굴리말라의 해탈

부처님의 유명한 제자들 가운데 앙굴리말라Angulimala 스님은 아주 특별한 과거를 가진 분이다. 앙굴리말라는 '손가락 목걸이를 장식한 사람'이란 뜻이다. 이 스님은 출가하기 전에 바라문으로서 이름이 아힘사카Ahimsaka였다. '해치지 않는 자', '비폭력'이라는 의미다. 그가 남을 해치지 않는 선량하고 순백한 심성을 가졌다는 것을 이름에서 알 수 있다.

아힘사카의 스승은 나이가 많았으나 스승의 아내는 아주 젊고 예뻤다. 게다가 음욕이 몹시 강한 여자였다. 젊고 잘생긴 남편의 제자를 탐낸 아내는 남편이 멀리 출가한 틈을 타 아힘사카를 유혹한다.

그러나 아힘사카의 단호한 거부에 모멸감을 느끼고 악한

마음을 품는다. 그녀는 자신의 부정한 행동이 탄로날까 두려워 남편이 돌아왔을 때, 자신의 옷을 찢고 스스로 상처를 낸 후 거짓으로 아힘사카에게 죄를 뒤집어씌웠다.

아내의 말만 믿고 분노한 스승은 자신의 젊은 아내를 겁탈하려 한 제자를 파면시키기로 한다. 스승은 아힘사카에게 나가서 만나는 사람 차례대로 천 명을 살해하라고 시킨다. 그러면서 한 사람을 죽일 때마다 죽은 사람의 손가락 하나씩을 모아 목걸이를 만들어 걸고 다니면 깨달음을 얻을 수 있다고 거짓 가르침을 준다.

스승의 가르침을 곧이곧대로 믿고 실천한 그는 999개의 손가락을 목에 걸었고, 살인마가 된 아힘사카는 '앙굴리말라'라는 무시무시한 이름으로 불리고 있었다. 이제 마지막 한 개의 손가락이 남았을 때 만난 사람이 부처님이다. 이때 부처님이 그를 제도하고 제자로 삼는다.

앙굴리말라 스님은 부처님의 자비를 입어 제자가 되었지만 그에게 희생당한 이들의 가족을 비롯한 많은 이들에게 심한 박해를 받았다. 앙굴리말라는 몽둥이와 돌에 두들겨 맞고 칼에 찔려 살이 터져 피가 나고 뼈가 부러졌지만 부처님의 인도 아래 선행을 쌓아갔다. 즉 박해 속에서 참회로써 업장을 녹인 것이다.

그는 부처님의 설법을 듣고 깨달음을 성취해 아라한이 되었다. 부처님의 생애와 부처님 제자들의 행적, 중생교화를 목적으로 한 이야기 등이 담긴 《출요경出曜經》에는 앙굴리말라가 쌓은 선행에 대해 구체적으로 묘사하며, 아라한이 된 연유에 대해 밝히고 있다.

코살라국의 프리세나짓 왕은 살인마 앙굴리말라의 출가 소식을 듣고 기원정사로 부처님을 찾아가 항의한다.

"부처님께서는 아직 항복받지 못한 이를 항복받고 제도하지 못한 이를 제도하십니다. 그러나 부처님이시여! 그 사람은 무수한 사람을 죽였는데 어떻게 아라한의 과를 성취하게 되었습니까?"

부처님께서 말씀하셨다.

"의심하지 마시오. 그 행에는 앞과 뒤가 있고 익고 익지 않은 것이 있으며 처음과 나중이 있는 것이요."

그리고 부처님께서는 대중 앞에서 게송을 읊었다.

악한 행을 저질렀어도
선한 행으로 그것을 없애면
이 세상을 환히 비추는
구름을 벗어난 달과 같으리라

소멸되지 않는 업장은 없다. 아무리 중한 죄를 지었더라도
참회하면 업장은 사라진다. 아무리 깊은 과거의 업장일지라
도 참회와 선업으로 모두 해결된다. 그리고 부처님 가르침에
의한 깨달음으로 누구든 해탈의 자유를 누릴 수 있다.

마음속의 등불

4월 초파일! 부처님오신날이다. 정말 기쁘고 황홀한 축제의 날이다.

인간이 발견한 것 중에 한 가지가 불이다. 그 이후로 좋은 일이든 나쁜 일이든 꼭 불을 밝혀 감동을 느끼게 하였다. 절에서도 명절과 재일 또는 크고 작은 행사에 꼭 불을 밝혀 인도하였다. 왜 절에서는 등불을 밝히는 것일까?

옛날 인도 마가다국에 아자타사투 왕이 살고 있었는데 그는 빔비사라 왕과 위제희 왕비 사이에서 태어난 왕자로 천성이 난폭하여 젊은 시절부터 부처님께 반역하던 데바닷다와 친하게 지내면서 부처님의 살해 기도를 돕기도 했던 사람이다. 또한 데바닷다의 회유에 빠져 아버지 빔비사라 왕을 옥에 가두고 음식도 넣어주지 않은 등 반인륜적인 행위를 자행하면서 왕위에 올랐다.

결국 부처님은 아자타사투의 행위를 더 이상 볼 수 없어 기원정사를 떠나버렸다. 그 이후 마가다국은 와국의 침략이 빈번하고 가뭄이 심해지며 학질이 유행하였다. 아자타사투 왕은 어느 때부터인가 몸에 종기가 돋기 시작하더니 급기야 온몸으로 퍼져 그 고통이 이루 말할 수 없이 극심해졌다. 유명하다는 의사는 모두 데려다 치료를 하였으나 병세는 더욱 악화되어서 결국 죽음의 문턱에 이르게 되었다.

왕은 마지막으로 부처님 전에 나아가 자신의 죄를 진심으로 참회하며 눈물을 흘렸다. 그러자 왕의 병세가 호전되더니 거짓말처럼 그 보기 싫던 종기들이 모두 없어졌다. 그 후로 왕은 부처님께 귀의하여 신심이 돈독한 불자가 되었다. 부처님을 극진히 모시면서 법문도 청해 듣고 공양을 올리며 나라를 잘 다스렸다.

한동안 궁에 머물면서 왕을 교화시킨 부처님께서 기원정사로 떠나실 때가 되었다. 그러자 서운하고 안타까운 왕은 무엇으로 부처님께 공양을 더 올릴까 생각하던 차에 등을 많이 켜서 공양을 올리기로 하였다. 그리하여 왕은 궁궐에서부터 기원정사에 이르는 길을 온통 연등으로 장엄하여 불을 밝히니 온 대지가 불야성을 이루어 사람들이 모두 환희하며 찬탄하였다.

이때부터 절에서는 등불 공양이 성행하여 오늘에 이르렀다. 지금도 부처님오신날 도량 안팎이나 길목에 등을 밝히고 또 저녁이면 제등행진을 하기도 하는데 바로 여기에서 유래한 일이다. 이처럼 등불공양은 부처님을 향한 지극한 사모와 공경의 마음에서 비롯된 것이다. 그렇다면 이 같은 등불공양에는 어떤 공덕이 있을까.

첫째, 성불의 씨앗이 된다.

둘째, 지혜의 눈을 얻게 된다.

셋째, 재앙을 물리치고 소원을 성취시켜준다.

그러나 등불만 켠다고 그런 공덕이 모두 이루어지는 것이 아니다. 그 까닭은 등불을 켜는 마음이 무엇보다도 중요하기 때문이다. 그러므로 부처님 전에 등불을 켤 때에 바른 믿음과 바른 소원과 정성스러운 마음을 가져야 되겠다.

우리 다 같이 마음속에 간직된 보이지 않지만 영원히 꺼지지 않는 등불을 밝히고 이 연등 공덕으로 수기를 받아 다 함께 성불합시다.

이익을 따지는 것이 가장 큰 손해

인생의 지표를 잃고 방황하는 이 혼미한 시대에 우리는 무엇 때문에 살고 있는가 하는 의구심을 가지게 된다. 그렇다면 과연 나 자신에게 내려지는 결론은 무엇일까? 정치, 경제, 사회, 도덕 등 이 모든 상황이 어수선한 지금 모두를 조화시킬 수 있는 힘은 과연 무엇일까?

정신분석학자 에리히 프롬(Erich Fromm, 1900~1980) 박사가 현대인은 남에게서 사랑받을 줄은 알아도 남을 사랑할 줄 모른다고 한 적이 있다. 그런데 오늘날에는 남을 사랑하기는커녕 사랑받는 것조차 모르는 사람이 많다.

사랑한다는 것은 상대방에게 아주 반해버린다는 것으로 그것이 없으면 단 하루도 견딜 수 없는 경지를 말한다. 즉 몸과 마음까지 상대방에게 바쳐 후회하지 않는 각오가 서 있음을 말하는 것이다.

어떤 작가는 "사랑이란 그 사람을 위해서 죽을 수 있는가를 말하는 것이다"라고 했다. 그 사람을 위해 죽는다는 것은 자신을 버리는 일이다. 자신을 버림으로써 모두 함께 살아나는 것이다. 그것은 곧 아상을 버리는 것과 같다. 부처님께서는 정신적인 면에서뿐만 아니라 물질적 경제적 행위에 대해서도 때때로 제자와 신도들에게 설교하셨다.

비구가 불교 교단에 일단 입단하면 과거의 계급이나 직업의식을 모두 버리고 신도들로부터 받은 공양물은 평등하고 정당하게 분배했다. 따라서 여기서 말한 것은 비구 간의 물질의 주고받음을 말한 것이 아니라 모든 사람에 대한 훈계였다고 짐작된다.

물질을 대접함에 있어 제 몫의 한계를 넘어서 대접을 받는 경우와 반대로 제 몫에 미치지 못하는 대접을 받는 경우가 있다. 이러한 관계에서 물질적으로나 심리적으로나 전자의 경우는 자기에게 빚이 되고 후자의 경우는 자기가 빚을 받아야

하는 것이 되어 불평등한 관계가 성립한다. 한쪽은 우월감을, 한쪽은 열등감을 가지게 되는 것이다. 이 두 가지를 배제해서 서로가 걸맞는 대등한 교유交遊가 이루어질 때 비로소 평등한 인간관계와 우정이 성립된다. 우리도 인생 대차대조표를 냉철히 바라보면서 남에게 빚지는 일이 없도록 노력하고 진 빚이 있다면 깨끗이 갚고 인생의 길을 떠나야 한다.

49일 동안 이별 연습

부모님이 살아계실 때 효를 다하지 못해 항상 마음이 무거운 분들이 많을 것이다. 형제자매는 물론이고 친인척, 친구 등 인연이 있는 분들이 살아있을 때 의롭고 친하게 지내지 못해서 마음이 불편해지는 경우도 많다.

영가의 존재를 믿든 믿지 않든 정성을 다한다는 의미에서 우리는 사십구재를 지내왔고 또 앞으로 지낼 것이다. 그러므로 이 기간 동안이라도 자신의 잘못을 참회하고 반성하는 시간을 갖는 데 중요한 의미가 있다. 불경에서도 죽은 사람을 위해 재를 베풀면 죽은 사람보다 산 사람이 더 많은 복을 받게 된다고 한다. 그러나 사십구재의 본질적 의미는 영가의 천도에 있다.

《지장경》에 따르면 사람이 죽으면 49일 동안 자기의 죄와 복을 알지 못한 채 어둠 속을 헤매다가 염라대왕 앞에서 업보의 옳고 그름을 따진 뒤에야 업에 따라 다음 생을 받게 된다고 했다. 사람이 죽으면 다음 생을 받게 될 때까지 중음신으로 떠돌게 되는데 이 기간이 49일이다. 49일 동안 이레마다 재를 지내는 까닭은 유명계幽冥界의 시왕十王이 이레마다 죽은 사람을 심판한다는 시왕신앙에서 유래되었다.

《지장경》에도 죽은 사람을 위하여 이레 동안 또는 세이레(삼칠일) 동안 지장보살께 예배하고 공양하면 죽은 사람이 좋은 곳에 갈 수 있다고 했다. 《장수멸죄경》에도 7일씩 49일 동안 죽은 사람을 위해 복을 지으면 죽은 사람이 그 공덕 가운데 7분의 1을 얻게 된다고 했다. 또《약사경》에도 죽은 사람을 위하여 스님들을 청해 독경을 하고 부처님께 공양하면 7일이나 21일 또는 35일이나 49일이 지나 영험이 있다고 했다.

이 49일 동안 죽은 사람의 선악업善惡業을 따져 그 과보로 다음 생이 결정된다. 그러므로 이 동안에 유가족이나 인연있는 이들이 죽은 사람을 위하여 재를 베풀어 공덕을 지으면 죽은 사람이 좋은 곳에 태어날 수 있는 것이다.

죽은 사람을 위하는 마음으로 어려운 이웃을 돕고 보시하는 일도 죽은 사람을 위해 선업을 대신 지어주는 것이 된다. 영가천도 의식은 그러한 의미 외에도 영가를 깨우치기 위해 부처님의 법을 들려주는 의식이므로 꼭 필요하다.

천도 또는 재 의식을 보면 귀의, 참회, 염불, 독경, 헌공, 청법, 발원 등의 내용으로 이루어져 있다. 따라서 영가를 위해 복을 짓는 의식일 뿐만 아니라 영가를 위한 법회라 할 수 있다. 그러므로 죽은 사람을 위하는 마음으로 어려운 이웃을 위하여 자비의 마음을 많이 베풀고 아울러 영가 천도도 하기를 권한다.

한발 물러나 지켜보라

교육에는 흔히 세 가지가 있다고 한다. 그 첫 번째가 가정교육이고 그 다음은 학교교육이고 사회교육이 마지막이다. 여기에서 가정교육이 가장 근본이 된다고 할 수 있다. 하지만 현대 사회에서의 가정교육은 찾아보기 힘들다.

한 집에 아이들이 많아야 두 명이다. 대개 자식을 한 명밖에 낳지 않기 때문에 그 집안에서는 귀한 자식으로 대우를 받는다. 그러다 보니 부모는 자식에게 이끌려 다니며 아이들이 원하는 것은 다 사주게 된다. 아이들도 자기가 원하는 것을 쉽게 얻다 보니 물건이 귀한 줄도 모르고 쉽게 얻은 물건이니 금방 싫증을 내고 참을성도 없어진다.

요즈음 아이들은 너무 아쉬움 없이 자라고 있다. 옆집 아이가 장난감이나 좋은 옷을 입고 있으면 우리 아이에게 더 좋은 장난감과 더 좋은 옷을 사 입히려고 하고 옆집 아이가 과외를 하면 우리 집 아이도 과외를 시켜야 한다는 부모들의 잘못된 경쟁 심리도 한몫하고 있다. 그러다 보니 아이들은 확고한 가치판단의 기준이 없다.

아이들의 순간적인 물건 욕심은 자꾸 바뀌기 마련이다. 오늘 갖고 싶었던 것을 내일이 되면 쉽게 잊어버린다거나 다른 물건을 보면 그 물건을 갖고 싶어 한다. 그런데 부모들이 아이들 기죽이지 않겠다는 핑계로 갖고 싶은 것을 다 사주면 집 안에는 쓸데없는 물건만 쌓이게 되고 아이들의 성품에도 좋지 않은 영향을 끼친다.

우리네 부모들은 자기 아이만이 최고인 줄 알고 제일 귀한 줄 안다. 대중들이 많이 있는 곳에서는 더욱더 그렇게 보인다. 많은 사람들이 있는 곳에서 큰 소리로 떠들고 뛰어다니고 장난을 쳐도 부모들은 아랑곳하지 않는다. 다른 사람이 애들을 혼내면 도리어 자기 아이에게 그런 말을 한다고 짜증을 내는 게 현실이다. 이런 사회현상은 고쳐나가야 하겠다.

지금이라도 이이들이 원하는 바가 있다면 꼭 필요한 것이 아니면 들어주지 않을 줄도 알아야 하고, 꼭 필요한 물건이라 하더라도 합당하게 약속을 정해두고 기다리게 해야 한다. 그래야 아이들이 꼭 필요한 원하는 것을 얻기 위해서 기다리는 참을성을 배우게 되는 것이다. 그러한 부모들의 작은 교육이 학교교육과 사회 적응 교육에까지 영향을 미칠 것이다.

　부모들이 서로가 서로를 신뢰할 수 있는 말과 행동을 보여 줘야 한다. 서로를 존경하고 따뜻하게 대해주고 이해하는 모습을 보여준다면 어린아이들이 그것을 보고 배워 성장을 하는 과정에서 자아 형성을 하는 데 큰 도움이 될 것이다.

　무조건적인 사랑, 지나친 보호 관용을 버리고, 이웃을 배려하고 어려운 사람에게 자비와 사랑을 베풀고 친구와 탁마하면서 서로의 장단점을 배우고 버리면서 생활하는 교육을 시키는 모습이 이 시대에 필요한 진정한 어머니 아버지 상이 아닌가 싶다. 즉 말로만 가르치는 것이 아니라 실제 본보기를 보여주고 직접 행동으로 교육하는 방식이 가정교육 즉 자식교육 중에서도 최상의 교육이다.

한 가지에 몰두한 결과

무슨 일에나 옳다고 믿는 하나의 목적을 향하여 전념하며 힘차게 나아가는 모습은 보기에도 아름답다. 한 길을 정신없이 나가고 있으면 어느 사이에 그 일이 온전히 자기의 것이 되지만 그것을 그저 먼데서 바라보고만 있으면 아무리 시간이 흘러도 길은 열리지 않는 것이다.

산행을 하다가 날이 어두워지면 공포심을 느끼게 된다. 정신을 가다듬고 왔던 길을 더듬어 되돌아가면 되는데 무서움으로 인해 우왕좌왕하면 길을 잃고 온 산을 헤매게 된다.

신라 때 원효대사에게 거지들이 항상 따라 다녔는데 거지들도 극락세계에 가고 싶어 대사에게 물었다.

"어떻게 하면 극락에 갈 수 있습니까?"

원효대사가 말했다.

"그저 나무아미타불만 외우게 되면 극락에 갈 수 있다."

거지 무리들은 오직 나무아미타불만 계속 염송하고 자기들도 극락에 갈 수 있다는 일념으로 수없이 되풀이해서 모두 행복하게 되었다.

오로지 한 마음으로 아미타불을 부르며 염불하여 행주좌와 行住坐臥에 시절의 멀고 가까움을 묻지 않고 순간순간에 버리지 않는 것, 이것을 정정正定의 업業이라고 한다.

목적물과 마주 대하지 않고 마음이 비어있기 때문이다. 거기에는 적당히 얼버무리는 타협을 불허하는 순수성이 있으며, 이렇듯 일관하여 나아가는 자에게는 힘이 넘쳐 있다. 곁눈 한 번 팔지 않고 열심히 일하는 모습이 그것이다. 그런데 목적의식이 맞지 않아 여기저기 기웃거리며 좋은 미끼가 없나 하고 찾는 어정쩡한 모습은 보기에도 호감이나 믿음이 가지 않는다.

미국의 철학자이자 심리학자 윌리엄 제임스(William James)도 "성공의 비결은 일 한복판에 뛰어드는 것"이라고 말했듯이 대부분의 성공은 다른 것을 모두 잊어버리고 일시적이나마 바깥 세계와의 교섭을 차단하고 한 가지에 몰두하여 열중한 결과일 것이다.

까마득해 보이는 돌계단이 있다. '언제 그 끝에 오를 수 있을까?' 하고 막연히 생각만 하면서 쳐다보고 있으면 결코 계단 끝에는 다다를 수 없다. 한 계단 한 계단 내 몸을 움직여 밟고 올라갈 수 있는 실행이 중요하다. 그리고 계단의 끝에 오르겠다는 마음보다는 자신이 얼마나 정성껏 마음을 정좌해서 움직이는가가 중요하다.

《좌선론坐禪論》에 보면 이런 구절이 있다.

"한때 좌선坐禪하면 한때 부처다. 하루 좌선하면 하루부처다. 일생을 좌선하면 일생부처다."

모두가 일생 아니 수없이 윤회를 하더라도 항상 부처이기를 서원한다.

어떻게 정성을 다할 것인가

철은 무쇠 그대로는 아무 쓸모도 없다. 몇 천 도나 되는 용광로에 집어넣어 정련精練하고 망치로 두들겨 패고 부림으로써 그 가치의 효용성을 가지게 되고 비로소 정교한 부품이 되어 시장에 내놓을 수 있다.

사람도 마찬가지다. 자기의 욕망을 잘 조절하여 비로소 높은 욕망으로 승화시킴으로써 세상에 도움을 주는 사람이 되는 것이다. 많은 신도 분들이 절에서 기도하고 법문을 들으며 행行을 할 때에는 보살의 길을 가는 것 같다가도 절 밖으로 나가면 부처님의 가르침과는 다른 생활을 하게 된다.

이렇듯 배우고 익힌 것을 어떻게 잘 활용하느냐에 따라 그 가치가 달라진다. 만일 자동차나 텔레비전의 부품이 제대로 기능을 다하지 못하면 어떻게 될까? 소비자는 바로 소비자 보호센터나 아니면 구입한 상점에 가서 불량상품을 바꿔달라고 할 것이다. 이렇게 똑같은 재료와 성분과 기술로 만든다 하더라도 불량품이 나올 수 있는 것이다.

우리 스스로도 자기의 욕망을 체크하여 정신적으로 어디에 결함이 있어 불협화음이나 마찰이 생기는가를 알아 하루속히 고치도록 마음을 써야 한다.

《사십이장경四十二章經》에 보면 이런 구절이 있다.

사람이 쇠를 부리며 찌꺼기를 뽑아내고
그 뜻을 만들면 즉 정교한 것이 되느니라

모든 것은 어떻게 정성을 다해 결과를 만들어 내느냐가 중요하다는 뜻이다. 그러나 슬프게도 우리는 자기 욕망의 그릇된 부분을 알 수가 없으며 안다 해도 바로 고치려고 하지 않고 그대로 모른 채 내버려두는 경우가 많다.

우리는 너무 겉치레에 치중하는 경우가 많다. 모든 것이 위선이어도 허울만 좋으면 모두가 보이는 것만 믿고 내면의 소중함을 중요하게 생각하지 않는다.

어느 스님이 부자로부터 재齋를 올려 달라는 부탁을 받았다. 그 스님은 거지 행색을 하고 그 집 문 앞에 나타났더니, 하인이 거지인 줄 알고 쫓아 내버리는 것이었다. 그래서 이튿날은 두세 명의 수행승을 거느리고 붉은 비단에 금테를 두른 가사를 걸치고 위엄을 갖추어 그 집에 이르니, 이번에는 아주 정중하게 모시는 것이었다.

스님은 허름한 차림으로 오면 쫓아내고, 비단을 걸치고 오면 이렇게 받들어 올리니 "그렇게 금빛 가사가 좋으면 차라리 이 가사에 보시를 하는 게 어떻겠소? 거지꼴을 한 스님에게 하는 것보다는 공덕이 있을 것 아니겠소?" 하고 폭소하고는 입고 있던 보의를 벗어 던지고 뒤도 돌아보지 않고 가버렸다. 부자는 황송해서 어쩔 줄을 몰랐다고 한다.

공연히 겉치레를 하는 것이 세상 사람의 모습이다. 마음을 가다듬어 가는 것이 진정한 인격자가 아닌가? 결점이 많은 사람일수록 겉을 화려하게 꾸밀 수밖에 없는 것이다. 자기의 위선이나 허물 따위를 숨기려고 하지 말고, 자기의 결점을 장점으로 고치려고 하는 노력이 필요하다는 뜻이다. 지나친 욕심과 욕망을 숨기다간 더 이상 꼼짝 못할 지경에까지 이르게 된다.

마치 병자가 의사의 손을 빌리듯이 주위 사람으로부터 자기의 결점이나 약점을 지적받아 엄격하게 고치도록 하는 것이 현명한 자가 가질 태도가 아닌가 한다.

존경과 사랑을 받는 법

어떤 스승이 두 명의 제자를 두었다. 그 스승은 다리에 신경통이 있어서 늘 고통을 받았다. 그래서 스승은 시간만 나면 제자들을 시켜 다리를 주무르게 하였다.

그런데 불행하게도 두 제자는 서로 사이가 좋지 않았다. 틈만 나면 트집을 잡아 서로 흠집을 내니, 신경이 날카로워 고성이 오갔다. 스승이 아무리 혼을 내고 타일러도 허사였다. 다른 말은 다 들어도 서로 질투하지 말고 싸우지 말고 서로를 이해하고 위하면서 지내라는 가르침은 듣지도 않았다.

그 날도 스승은 몹시 다리가 아파 두 제자를 불러 다리를 주무르게 했다. 두 제자는 한자리에 모이자 또 서로 질투하고 미워했다. 한 제자는 스승에게 잘 보여 다른 제자를 쫓아내기 위해 별의별 궁리를 다 했다. '옳지! 좋은 수가 있다. 저 친구가 주무르는 스승님의 다리를 부러뜨리자. 그러면 스승님의 미움을 받아 쫓겨나게 되겠지.' 그렇게 꾀를 낸 제자는 몰래 밖으로 나가 큰돌을 가지고 들어와서 스승님의 다리를 내리쳐서 다리를 부러뜨렸다. 그러자 다른 제자는 몹시 분해하면서 자기도 돌을 가져다가 스승님의 남은 성한 다리 한쪽마저 부러뜨렸다. 서로의 잘못을 떠넘기기 위함이었다.

두 제자의 미움과 질투는 갈수록 더해져서 결국 스승의 다리까지 못쓰게 만들었다. 이에 스승은 두 제자의 그릇됨이 보기 싫어 그들을 모두 쫓아냈다.

개인의 이익을 위해서 모두의 이익을 저버리는 행동은 어리석다. 서로가 이해하고 용서하며 사랑하는 것이 부처님의 가르침이요 성인의 지침인 것인데, 그렇지 못하고 욕심내고 화내고 어리석은 짓만 하는 탐진치貪瞋癡에 사무쳐 서로에게 화살을 던져서야 되겠는가. 힘들고 어려울수록 서로를 위하는 마음을 가져야겠다.

침묵의 무거움

《법구경》에 이런 말이 나온다.

　　허공에는 길이 없고
　　공허한 외도外道에는 사문沙門이 없다.
　　어리석은 세상 사람들은 농담을 즐겨도
　　여래에겐 농담이 없다.

여기에서 말하는 '공허한 외도에는 사문이 없다'라는 말은, 쓸데없는 일에 관여하는 이단자에겐 '훌륭한 인물이 없다'라는 뜻이다.

　석가모니께서는 말에 대해서 반드시 말하지 않으면 안 될 경우에 해야 하는 본질적인 것과 해도 좋고 안 해도 좋은 말 초적인 것 두 가지로 구분을 했다. 그래서 하지 않으면 안 될 일만 말하고, 그렇지 않은 것은 입을 다물었다고 한다. 말이 라는 것은 한번 내뱉으면 주워 담기가 어렵다.

예를 들어 판사가 판결을 하면 그것이 법으로 곧 집행이 되기 때문에 삼고초려三顧草廬해서 최후의 판결을 해야 한다. 억울하게 피해를 입는 피해자가 생기면 안 된다. 그래서 말이 란 약藥이 될 수도 독毒이 될 수도 있는 것이다. 오늘날 현대 사회는 말의 홍수시대라 한다. 모든 부분에 있어 먼저 말이 앞서고 있기 때문이다.

말 한 마디에 천 냥 빚을 갚는다는 말이 있다. 이것은 그 사람의 말이 얼마나 진실 되게 전해지느냐의 중요성을 말한 것이다.

천지만물이 형성되어 나라가 세워지고, 삼국시대를 거쳐 일제하에서도, 현재에도, 많은 달변가도 있고 구국영웅도 있 다. 나라가 어지럽고 힘들 때 사신使臣으로 타국에 가서 진실 된 말로써 나라를 위기를 구할 때도 많이 있다. 그러나 자기가 옳지 않는 말을 하고서도 책임을 져야 하는 일이 생기면 남에게 전가시키기에 여념이 없는 사람이 있다. 정말 안타까운 일이다. 인과因果의 법칙法則은 불변不變하다는 진리는 우리 모두가 잘 알 것이다.

스위스의 철학자 막스 피카르트(Max Picard)는 그의 저서 《침묵의 세계》에서 "말은 침묵으로부터 와서 침묵으로 돌아간다. 시끄러운 소음은 소음으로부터 와서 소음으로 돌아간다"라고 했다. 자기의 정신을 잃어버린 말은 인간으로서의 말이 아니며 단순한 잡음에 불과하다는 것이다. 좋은 말을 하면 좋은 일이 생긴다. 우리는 항상 말을 아끼고 조심스럽게 해야 하겠다. 자기의 말을 소중히 여길 줄 알아야 하겠다.

작은 것에 만족하는 마음

만물이 소생하는 계절이 돌아왔다. 겨울잠을 자는 동물이며 겨우내 움츠렸던 모든 생물들이 따스한 햇빛과 맑은 하늘을 보며 기지개를 한껏 펼 것이다.

물에 비친 달의 모습을 여러 사람이 보면서 "저 달의 맛은 어떨까?"라고 묻는다면 제각각 보는 각도에 따라서 생각이 모두 다 다를 것이다. 어떤 이는 '빈대떡 같이 생겨서 고소하다' 할 것이요, 어떤 이는 '파인애플 같이 생겨 아주 달 것이다'라고 할 것이요, 또 어떤 이는 '단무지 같이 생겨서 짭짤한 맛이 날 것이다'라고 할 것이다.

그러나 그 호수에 비친 달을 양손에 퍼서 마시게 되면 아주 시원한 물맛일 것이다. 이처럼 보는 이의 생각은 모두 다르나 직접 체험을 하게 되면 '시원한 물맛이다'라는 공통된 의견이 나오게 된다.

이제는 이미 지나간 과거는 잊어버리고 새로운 미래에 대한 맛을 느껴야 되겠다. 옛날부터 전해 내려오는 재미있는 이야기가 있다.

한 마을을 지나려면 고개를 넘어야 하는데 고개 이름이 '삼년 고개'였다. 어느 날 한 선비가 날이 어두워지면서 그 고개에서 걸음을 재촉하다 그만 돌부리에 발을 헛디뎌 넘어졌다.

이 고개를 지나다 넘어지면 삼 년밖에 못 산다고 해서 '삼년 고개'라고 불리는 것이었는데 여기서 넘어졌으니 이제 자신은 삼 년밖에 살지 못하게 되었다고 큰 시름에 잠겼다. 집에 돌아와서도 초조하고 불안해 잠도 못자고 매일 술로 마음을 달래다 보니 몸은 쇠약해지고 정신도 혼미해지고 있었다. 이 선비의 사연이 마을에 퍼져 한 소년의 귀에도 들어갔다. 이 소년은 총명하고 지혜로웠는데 이 소문을 듣더니 크게 웃으며 그 선비에게 달려갔다.

소년은 선비에게 대뜸 "삼 년 고개로 갑시다" 하면서 손을 이끌고 앞장섰다. 선비가 어리둥절해 왜 그러냐고 묻자 소년이 말했다.

"이 고개에서 넘어지면 삼 년밖에 살지 못한다니 열 번 넘어지면 30년을 살 것이요, 스무 번 넘어지면 60년을 살 게 아니겠습니까? 그러니 살고 싶은 만큼 넘어지십시오."

그때서야 선비는 자신의 어리석음을 깨달았다. 현재 자기가 처한 상황이 좋지 않다고 비관하거나 실망하고 포기한다면 얼마나 어리석은 생각인가? 그래서 부처님께서는 "전생의 업業에 의해 생겨난 과보를 현생의 과보果報에 집착하고 매어 있는 것을 경계하라"고 하셨다.

지금 자기 처지를 한탄하기보다는 분발하여 최선을 다하면 미래의 업을 좋은 업으로 만드는 계기가 될 것이다. 너무 큰 이익을 바라면 작은 이익에도 불만을 가지게 되니 작은 이익에도 만족할 줄 알아야 큰 이익도 생길 수 있다. 작은 것에 만족하는 마음의 여유를 가져야겠다.

욕심내면 편할 날이 없다

욕심을 내고 탐하게 되면 반드시 그 뒤에는 탈이 오기 마련
이라는 것을 우리는 평상시에 자주 경험한다. 《숫타니파타》에
나오는 말이다.

애착하는 것에 욕심을 부리는 사람들은
슬픔과 한탄과 탐욕을 버리지 못한다.
평온을 보는 성자는 소유를 버리고 유행하였다.

어떤 이는 이자를 많이 줄 테니 돈을 빌려 달라는 말에 현혹
이 되어 즉, 눈앞에 보이는 이익에 욕심을 내어 돈을 빌려주
고 좋아하다가 빚진 사람이 잘못되어 달아나는 바람에 돈을

모두 떼여 고민하는 것을 자주 보게 된다. 또는 사랑하는 사람을 다른 사람에게 빼앗겨 질투와 증오에 쌓인 나머지 상대방을 살해한다거나 울분을 품고 상대방을 해쳐 자기 인생에 큰 오점을 남기게 되는 사건도 자주 접한다. 욕심과 욕망은 한이 없으며 만족할 줄 모른다.

자기 자신이 가지고 있던 것을 잃으면 삶이 다한 것처럼 고통스러워 한다. 자기가 가지고 있는 재산과 재물을 곶감 빼먹듯이 다 빼먹으면 의욕상실증에 걸린다. 욕심과 욕망이 있는 한 어떻게 되어도 편한 날이 없다. 욕망은 참으로 고통의 근원인 것이다.

욕망이라는 죄를 짓게 되면 사람의 마음이 그것에 꽁꽁 묶이는 것 같다. 애착이 가는 것을 자기의 분신分身이라고 생각하여 그것이 상처받거나 잃어버리거나 하면 괴로움을 느끼는 마음도 모르는 바는 아니다. 그러나 언제까지나 그것에 매달려 있다 보면 자기 자신의 마음조차도 이상하게 되어버리는 것이다.

길을 잘 만들어야만 그 길로 편안하게 걸어갈 수 있다. 그러나 욕심 많은 사람의 마음은 쌓이는 눈처럼 쌓이면 쌓일수록 길을 잃어버리게 된다. 내가 아는 어느 노스님은 지난날에 "나의 돈은 온 나라에 맡기고 있으므로 어디에 가나 불편이 없다"고 하며 돈에 대해서 매우 담백하였다. 그러면서 호탕하게 웃으며 길을 재촉하셨다. 정말 대자유인의 멋이 한껏 풍기는 모습이었다. 전생에 지은 공이 많은 모양이라고 생각하며 내심 좋아 보였다.

미꾸라지를 손으로 잡으려면 미끄러져 잡기 어렵다. 그와 같이 욕심과 욕망은 잡으려 해도 잘 잡히지 않는다.

어느 판사가 당직 근무 중이던 날, 아침 일찍 중년 부부가 나타났다. 부부는 협의이혼을 하기 위해 절차를 밟으려고 법원을 찾았다. 판사는 신청서류에 적힌 남자의 이름을 보고 놀랐다. 자신이 평소 존경하고 만나보고 싶었던 이름난 대학교수이자 베스트셀러의 저자였다. 그래서 판사는 교수에게 정중히 인사하며 말했다.

"저는 학창 시절 교수님의 책을 보며 꿈을 키웠습니다. 죄

송하지만 제가 존경하는 분을 제 손으로 이혼시켜 드릴 수는 없으니 오늘은 그만 가시는 게 어떻습니까."

판사의 간곡한 권유에 그들은 이혼을 하지 않고 집으로 돌아갔다. 그러나 그로부터 6개월이 지난 뒤에 신문을 보던 판사는 다시 한 번 놀랄 수밖에 없었다. 자신이 이혼을 만류한 그 교수가 간통 혐의로 구속되었다는 기사가 실렸기 때문이다. 판사는 교수 부부가 이혼을 원했을 때 할 수 있도록 도왔다면 그런 불행한 일이 없지 않았을까 후회를 했다.

판사는 자신이 평소 존경한 분이라 잘 살기를 바라는 마음이었겠지만 그 또한 본인의 욕심이었다. 교수 역시 판사의 말을 새겨들었다면 그러한 결과는 없었을 텐데 욕망이 너무 지나쳐 불행을 자초한 것이다.

행운과 행복의 차이

초기불교 경전인 《증일아함경》에 나오는 한 구절이다.

> 농부라고 해서 뿌린 씨가 오늘 눈을 뜨게 하고
> 내일 이삭이 나게 하고 모레 영글어 거두어들이는
> 신통력이 있는 것은 아니다.

평상시의 꾸준한 노력 말고는 깨우침을 얻는 지름길이 다른 곳에 없다는 뜻이다. 보통 신통력이라 하면 초능력자가 숟가락을 정신의 힘으로 휘어놓는다든가 영매靈媒가 영감에 의해서 죽은 자의 혼을 불러들여 그 목소리를 말한다든가 하는 현대과학으로써 어떻게 설명이나 증명을 할 수 없는 초자연적인 힘을 가리킨다. 불교의 수행자도 그러한 힘이 있는 것처럼 말하는 자가 있다.

그러나 그러한 행동의 일들은 본래 부처님의 가르침이 아니다. 불교에서 말하는 신통력이란 수행을 쌓은 부처나 보살에게 갖추어진 것으로 육신통六神通이 있다.

첫 번째가 신족통神足通으로 발이 땅에 붙지 아니하고 다닐 수 있다. 두 번째가 천안통天眼通으로 모든 것을 꿰뚫어 볼 수 있다. 목련존자가 천안통이 열린 뒤 지옥에 있는 자신의 어머니를 볼 수 있었고 그 계기로 인해 어머니의 업業을 녹일 수 있었다. 세 번째는 천이통天耳通으로 중생의 작은 고통도 귀를 기울여 들을 수 있다. 우리가 중생세계에 살면서 지위나 계급이 올라갈수록 작은 소리에 귀를 기울여 헤아려야 진정한 리더인 것이다.

네 번째는 타심통他心通으로 다른 사람의 마음을 읽을 수 있다. 다섯 번째는 숙명통宿命通으로 과거의 모든 일을 알 수 있다. 자기의 전생을 알 수 있는 것이다. 여섯 번째는 누진통漏盡通으로 사람을 건질 수 있다. 어떠한 어려운 상황이 처했다 하더라도 힘을 발휘할 수가 있는 것이다. 이와 같이 그 뜻으로도 알 수 있듯이 신기한 힘을 부려 사람을 놀라게 하는 것이 아니라 이런 힘들은 중생 구제를 목적으로 하고 있다.

어떠한 힘이든 그것을 사람을 속이는 수단으로 쓴다면 악마의 저주가 된다는 것을 알아야 한다.

행운이 자기에게 오기만을 기다리고 어떻게 하면 나에게 대박이 터지나 하며 사행심을 키운다면 자신의 허물만 더 커지게 된다. 기적은 평상시의 노력에 의해서만 생기는 것이다. 얼마나 부처님의 가르침을 잘 받아 지녀 혜명을 가지고 선행을 하는가에 있는 것이다.

지난 삶을 돌아보며 자신은 행운을 쫓아다녔는가 아니면 행복을 만들기 위해 부단히 노력해왔는가를 다시 한 번 되새겨보자. 지난 일을 반성하는 것을 계기로 희망을 가지고 행복을 만들어 가야겠다.

싸움은 혼자서는 할 수 없다

부처님 재세 시에도 많은 갈등과 전쟁 등이 발생했다. 이로 인해 많은 경전에서는 갈등이 발생하는 원인과 치유 방편 등에 대한 부처님의 가르침이 제시돼있다.

우선 《장아함경》 제10권에 따르면 탐냄과 질투 때문에 갈등이 발생한다고 설했다. 제석이 부처님께 갈등하고 싸우는 이유를 묻자 부처님은 이렇게 말했다.

제석이여!
만일 조희調戲가 없으면 곧 생각이 없고
생각이 없으면 곧 탐욕이 없으며
탐욕이 없으면 곧 사랑과 미움이 없고

사랑과 미움이 없으면 곧 탐욕과 질투가 없다.
만일 탐냄과 질투가 없다면
곧 일체중생이 서로 해치지 않을 것이다.

이 같은 갈등과 다툼에 대해 부처님께서는 자신의 내면을 관찰해 다툼의 근원을 없애라고 강조했다. 이와 함께 부처님은 이미 발생한 싸움을 말리는 법도 제시했다.《중아함경》제52〈주나경周那經〉에 따르면 부처님께서 발지국 사마촌에 계실 때 대중 사이에서 싸움이 발생하자 아난에게 싸움을 다스리는 일곱 가지 방법을 말했다.

처음에는, 본인이 있는 앞에서 다스리고
두 번째는, 기억을 떠올리게 하여 다스리고
세 번째는, 미친 짓은 건강이 회복되면 정상으로 인정하고
네 번째는, 본인의 자백에 의해 다스리고
다섯 번째는, 대중들이 그 사람을 지칭함으로써 다스리고
여섯 번째는, 계속 옮겨 다스리고

마지막으로 더러운 것을 버리듯이 하여 싸움을 끝낸다.

또한 부처님께서는 갈등이 있은 뒤 상대가 뉘우친다면 사과를 받아들여야 한다고 강조했다. 《잡아함경》에서 부처님은 이렇게 말했다.

참으로 어리석은 사람이구나!
상대가 뉘우치고 사과하는데 받지 않다니,
남이 사과하는 것을 받지 않는 이는 어리석은 사람이다.
오랜 세월 불이익과 고통을 받으리라.

승가에서는 갈등을 없애기 위해 대중공사大衆公事와 청규淸規, 자자自恣와 포살布薩 등의 제도를 두고 있다. 대중공사는 부처님 당시부터 내려오는 승가 고유의 전통적인 의사 결정 방법이다. 대중공사는 승납과 소임 여부에 관계없이 모두가 평등한 승가공동체의 일원으로써 똑같은 자격을 부여받아 참여하는 직접 민주제적 성격을 담고 있다. 이때 대중공사의 기준은 대중의 공의가 모아져 만들어진 청규다. 청규는 공동체 생활을 함에 있어서 지켜야 할 최소한의 규범과 예절이다.

또한 여러 대중 앞에서 자신의 과오를 밝히며 참회하는 자자와 포살을 통해 갈등을 해소하고 있다. 자자는 3개월간의 안거가 끝나는 날 모든 대중이 함께한 자리에서 자신의 지난 과오를 스스로 참회하는 의식을 말한다. 포살은 청정한 계율을 지키며 수행정진하기 위해 매월 음력 보름과 그믐에 일정한 장소에 모여 그동안 자신이 저질렀던 잘못을 대중들에게 고백하며 참회하는 의식이다.

싸움은 혼자서 할 수는 없다. 서로가 서로를 이해하고 용서하거나 한쪽이 참회하고 싸움에 휘둘리지 않는다면 갈등은 일어날 수 없다. 싸움을 걸거나, 걸어온 싸움을 받는 쪽 가운데 누구라도 잘못을 뉘우치고 반성하며 참회하고 용서한다면 그것이 바로 행복한 삶을 살아가는 지혜이다.

사람의 향기

이 문 안에 들어서면 알음알이를 갖지 말라.
알음알이가 없는 빈 그릇에 큰 도가 충만하리라.

入此門內 莫存知解 無解空器 大道充滿

알음알이는 자신이 살아오면서 쌓아온 기존의 고정관념이나
선입견 등을 말한다. 각자의 마음 안 그릇에 고정관념이나 선
입견이 가득하면 진리가 들어설 자리가 없다. 불가에서 전통
적으로 마음 그릇을 비우는 방법은 참회이다. 참회는 무조건
적인 참회여야 하며, 조건부 참회는 의미가 없다.

입춘立春을 보내면서 우리 모두에게 새로운 희망과 무언가
모를 설레임을 가져본다. 큰 행운과 행복이 집안 가득히 불어

오도록 참회를 하였으면 용서와 자비로서 섭수하여 좋지 않은 일들은 바람에 날려 보내버려야 한다.

꽃은 바람을 거역해서 향기를 낼 수 없다.
하지만 선한 사람은 바람을 거역해도 향기를 낸다.
바른 사람의 향기는 사방으로 번진다.

《법구경》에 나오는 말이다. 훌륭한 사람에겐 후광이 빛나듯이 그 주위를 부드럽게 하는 향기가 은은히 번지고 있어 바람을 거스르면서까지 사방으로 번진다는 뜻이다.

우리는 가끔 사람을 감화시키는 높은 덕을 지닌 사람을 보면 부처님이나 보살 같다고 한다. 불교 경전에서는 부처님이나 보살을 꽃의 향기로 비유해서 그 향기에 젖어 인간답게 될 것을 권하고 있다.

《무량의경無量義經》에는 "모든 도풍道風과 덕향德香을 피워 지혜를 편안하게 하고, 정情을 편안하게 하여 생각을 고요하게 한다"고 했고,《법화경》에는 "향나무의 향기가 만인의 마음을 기쁘게 한다"고 했듯이, 부처와 보살은 지혜와 자비가 가득해서 그 마음은 항상 만물의 중심 속으로 흘러 들어간다.

부처와 보살은 사람들을 그런 향기 속에 있게 해서 기쁨을 맛보게 한다는 것이다. 세상에는 옆에 있기만 해도 주위를 부드럽게 하고 밝은 분위기로 만드는 사람이 있다. 우리는 그런 사람이 되도록 힘써야 할 것이다.

이것을 '감화感化'라고 하며, 오늘날 사명감 없는 교직자로부터 지식 전수만을 받는 것과는 다른 것이다. 즉, 인간 상호 간의 인격적인 영향력이다.

새로운 봄을 맞이하여 이제는 과거의 참회를 빌며, 덕의 향기를 주위에 마음껏 발산하며 남을 배려하고 마음을 베풀어 줄 수 있는 삶이 되어야겠다.

한 장자가 있었는데 그 집은 매우 부유하여 재산이 헤아릴 수 없을 지경이었다. 그 장자는 오랜 기간 동안 재산을 모았고 또한 선행을 하여 명성이 자자했다.

이 장자는 자기가 지닌 재산을 넷으로 나누었는데, 하나는 이자를 늘려 가업을 풍족하게 했고, 또 하나는 생활에 필요한 물건을 공급했다. 그리고 고아와 의지할 곳 없는 노인에게 주어 내세의 복을 닦았고, 마지막 하나는 친척과 오가는 나그네를 구제하는 데 썼다.

부자는 이같이 넷으로 나누어 쓰기를 대를 이어가면서 가업으로 삼았다. 이처럼 지혜로운 자는 재물을 모으면 자기 자신을 위해서 쓰기도 하고, 필요한 사람에게 나눠주기도 한다.

우리의 속담에도 '개같이 벌어서 정승같이 쓰라'는 말이 있다. 그러나 어리석은 자는 재물을 모아서 자기를 위해서 쓸 줄도 모르고 남에게 나눠줄 줄도 모른다. 경제적으로 마음적으로 많이 힘든 때에 새로운 희망의 메시지가 우리에게 올 수 있도록 참회와 용서, 관용과 배품의 자세로 목표를 정해 더욱 더 정진하는 불자가 되어야겠다.

탐욕과 분노, 어리석음이
세상의 세 가지 독이라 했느니,

이와 같은 세 가지 독하고 악한 마음을
영원히 없앤다면 이를 보배로운 부처라고 이름한다.

미쳐야 미친다

맑은 바람 어디에나 불고 있나니

평생의 벗

내 인생의 값어치

내 아이 우등생 만들기

마음 속 번뇌의 불꽃

좋은 일은 서둘러 행하라

스님은 어디 계시는지요

떡은 이제 내 것이다

견우와 직녀

살아있는 염불

불교에서 말하는 정치 지도자상

마음으로 일으킨 병

작은 설 동지

부드러운 리더십

죽음이 끝이 아니다

여섯 가지 진리의 공양

맑은 바람

어디에도 불고 있나니

미쳐야 미친다

아무리 풍족한 환경에 있으면서도 자기를 불행하다고 느끼는 자가 있는가 하면 불우한 처지에 있으면서도 행복하다고 생각하는 자도 있다. 만일 그렇다면 객관적인 환경보다 주관적인 마음가짐이 우리의 행복과 불행을 좌우한다고 할 수 있으리라. 누구나 자기의 직업을 수행으로 알고 자기의 직장을 도량으로 알아 그것에 최선을 다하라는 가르침이다.

일상생활과 불교를 따로따로라고 생각하지 않는 것이다. 농부는 밭을 갈면서도 거기에 염불이 들어있는 것을 알고, 의사는 의술을 수행으로 알고 깨우침을 열며, 상인들은 성실과 정직으로써 소비자들을 대하고, 나라 일에 바쁜 사람들은 자慈, 비悲, 희喜, 사捨로 모두를 도반으로 삼고 생활해야 한다.

사는 보람은 '살아있기를 잘했다' '오래 사니 정말 좋은 일이 많구나' 하고 실감할 때 느낀다. 누군가의 좋은 행동을 보면서 '참 고맙다'라고 느낀다든지 '나도 저렇게 꼭 하겠다'라는 의욕이 생긴다면 잘 살고 있는 것이 아니겠는가.

자기가 하고 있는 일에 대해 만족스럽지 못해 불만을 가진 사람도 많겠지만 그렇다고 계속 투덜거리거나 매사에 반감만 가지고 생활한다면 의욕은 사라지고 만다.

다른 사람과 부딪히게 되면 격한 감정까지 돌출돼 일하는 분위기를 망칠 수도 있다. 어떠한 일을 하고 있든지 자신이 그 일을 택한 이유가 있을 것이다. 하찮게 보이는 어떠한 이유라도 그것을 기둥 삼아 열심히 해나가다 보면 어느 사이에 일이 내 몸에 익어진다. 그런 연후에 일에서 오는 행복감도 느낄 수 있는 것이다.

동쪽을 가나 서쪽을 가나 한 발짝씩 가다보면 반드시 그 끝에 다다르기 마련이다. 쓸데없는 일에 정신 팔지 말고 정말 해야 할 일에 전념하여 어느 순간 후회하는 일이 없도록 해야 할 것이다.

유명한 만담가가 있었다. 어느 날 높은 분에게 초대를 받아 가니 원효대사 이야기를 해달라고 청을 하는 것이었다. 만담가는 이내 변설을 유창하게 늘어놓았다. 하지만 다 듣고 난 상대방은 조금도 감동하는 기색 없이 말하는 것이다.

"너는 이야기를 혀끝으로 하고 있다. 원효대사가 살아 있지 않아."

당황한 만담가는 물었다.

"그럼 혀로 이야기 하지 않고 어디로 이야기합니까?"

"바로 네가 원효대사가 되는 것이다."

상대방의 대답이었다.

그로부터 만담가는 미친 듯이 열중하며 수련에 수련을 거듭했다. 이야기가 제 몸에 체화되었다고 생각되었을 때 다시 한 번 그 사람 앞에 나가 공연을 펼쳤다. 그 사람은 이번엔 감탄해 마지않으며 칭찬했다.

"만담가는 혀를 없애지 않으면 명인이 될 수 없다."

그리고는 만담가에게 '무설거사無舌居士'라는 호를 내렸다고 한다. 어떤 일을 하든 자기를 내던지고 무심無心의 경지를 얻지 않으면 일도 자기도 살아날 수 없는 것 같다. 묵묵히 자기의 일을 하다보면 누가 알아주든 알아주지 않든 그 결과는 나오게 마련이다. 열심히 땅을 판 사람에게 물길이 솟아오르듯 자기의 일에 최선을 다한다면 좋은 인연이 맺어지게 되어 있는 것이 세상 이치다.

'호랑이 굴에 들어가지 않으면 호랑이 새끼를 얻지 못한다'는 속담이 있듯이 일에 미쳐버려 자기를 일 속에 파묻어버려야 무엇을 얻을 수 있다. 확고히 정진하여 마음이 번민하지 않는다면 온갖 괴로움은 더이상 괴로움이 되지 못하고, 구하는 일이 달성될 것이다.

맑은 바람 어디에나 불고 있나니

"짐은 절을 세우고 경을 사서하고 스님들을 공양합니다.
그러면 공덕이 얼마나 많습니까?"
"아무 공덕이 없습니다."

양무제와 달마의 만남은 이렇게 시작한다. 경전을 수지受持,
독송讀誦, 서사書寫하는 데 공덕이 있다고 했다. 그러나 불교
는 공덕만을 쌓기 위한 가르침은 아니다. 공덕은 수행으로 얻
어지는 과보일 뿐, 그것을 목표로 삼는다면 상거래가 되고 만
다. 이를테면 수단과 목표가 혼동되었다고나 할까.
　보시는 철저히 무주상보시가 되어야 한다. 줬다는 것이 자
랑이 되고, 베푼다는 행위가 그와 같은 인위성 위에 구축된다

면, 그것은 넓은 의미에서 집착일 따름이고 선업이든 악업이든 윤회의 씨앗이 된다. 순수하게 대비의 마음과 고마운 마음만이 있을 때 보시의 공덕은 저절로 쌓이는 것이다.

양무제를 웃음거리로 만들어버린 이 일화는 당시 중국불교의 한계를 상징적으로 묘사한다. 불교가 전래된 이래 끊임없는 논쟁은 '불교가 과연 국가 이익에 도움이 되는가' 하는 문제로 지극히 중국적이고 현실적인 물음이다. 불교에도 충효관이 있고, 국가에 큰 이득이 된다는 점을 부각시키지 않을 수 없었다. 이를테면 불교의 중국화가 이루어지는 것이다.

양무제는 그 불행한 시대의 표본이다. 그는 절을 세우고 스님들을 공양하면 큰 복이 된다고 믿었다. 그래서 달마라는 색다른 스님으로부터 보증을 받고 싶었다. 그러나 달마가 펼친 세계는 그와 같은 유위의 관념으로서는 도저히 이해될 수 없는 피안이었다. 양무제는 다시 묻는다.

"그렇다면 불교의 근본 사상은 어떤 것입니까?"

"끝없이 크고 넓어 거기에는 범부도 성인도 없습니다."

"그래도 여기 불법을 전하려고 멀리 인도에서 온 성인이 앞에 있지 않소. 대체 그 사람은 누구란 말이오?"

"나는 모르겠소."

마치 서로 다른 외국어를 쓰는 것처럼 제각기 달려가고 있다. 양무제는 이 큰 법문을 깨닫지 못했고 달마는 양자강을 건너 위나라 소림사로 갔다.

양무제는 지공에게 그 일을 털어 놓았다. 지공이 달마의 마음을 헤아렸느냐고 묻고, 그가 관세음보살의 화현이며, 그 문답에는 깊은 의미가 있다고 일러주었다. 양무제가 서둘러 소림사로 사신을 보내려하자 지공은 탄식하며 말했다.

"아예 그런 생각은 거두십시오. 이 나라 사람들이 모두 나서서 모셔 오려 해도 그는 다시 돌아오지 않습니다."

낙양 소림사로 간 이후, 달마의 면벽 9년 또한 의미심장하다. 물론 하찮은 세상, 한 줌거리도 안 되는 세속 인심을 한탄하는 세월일 수도 있다. 동시에 진실한 무위를 이해할 수 있는 참인간의 출현을 기다리는 기간일 수도 있다.

그는 벽을 보고 앉은 것이 아니라 스스로 벽이 되어버렸다. 벽! 그것은 참 많은 말들을 들어왔을 것이다. 모함하는 말, 참소하는 말, 사랑의 맹세 그 모든 덧없는 인간들의 사연을 다 듣고 있다. 그러면서도 정작 벽에는 귀만 있지 입은 없지 않은가. 즉 들을 뿐 자신의 의견을 전달하지는 않는 것이다.

달마는 그 침묵의 화신, 벽이 되어버렸다. 바로 여기에 달마의 신선한 충격과 매력이 있다. 불법은 결코 지식이 아니다. 닫힌 마음을 여는 열쇠는 결코 백 마디의 말이 아니다. 무쇠를 녹이는 천근같은 감동은 바로 훈훈한 마음씨에서 비롯된다. 눈 밝은 이라야 진여를 보는 법이며, 뛰어난 지혜의 소유자라야 현자를 알아본다.

이제 암호를 풀고, 자신의 모든 존재를 걸고 치열하게 살려는 결심은 당시의 수도자들에게 남겨진 공통의 화두가 되고 있다. 자신의 전부를 걸고 승부하는 대상, 그것은 바로 우리들의 '마음'이다.

《벽암록》에서 설두중현(雪竇重顯, 980~1052) 스님이 남긴 게송이다.

그리워하지 말라

맑은 바람 어디에나 불고 있나니

休相憶 清風市地有何極

즉 시원한 바람 부는 곳이라면 어디에도 달마는 있다는 의미
다. 불신이 법계에 충만할진대 어찌 하필 양극만을 따라다닐
수 있느냐는 날카로운 지적이다.

그러나 지금 우리는 그 어디에나 있는 달마의 그림자조차
구경하지 못하고 있다. 향기로운 언어와 몸짓을 이해할 수 있
는 육근을 상실했기 때문이다. 달마는 오늘도 우리들에게 여
전히 '무無'라고 말할 것이다.

평생의 벗

산수유가 피더니 개나리가 피고, 벚꽃과 진달래가 꽃망울을 터트리며 여기저기 꽃들의 향연이 벌어지고 있다. 그래서 봄은 생기가 도는 것인가.

스님들이 해제 때가 되어 공부가 끝나면 바랑을 메고 여기저기 또 다른 나(我)를 찾기 위해 떠난다. 그동안 보지 못했던 도반(道伴, 승가에서는 도반이라 하며 속가에서는 친구나 벗을 의미한다)도 만나고 향기로운 차를 마시며 어울린다.

언젠가 석가모니 부처님께서 샤카족의 사가라 마을에 머물고 계셨는데 그때 아난다가 부처님께 여쭈었다.

"세존이시여! 곰곰이 생각해보니 참다운 벗을 사귀고 그들과 함께 있다는 것만으로도 이 거룩한 도의 절반은 이미 성취한 것이나 다름없다는 생각이 듭니다. 이와 같은 생각은 어떠한지요?"

"아난다여! 그런 생각은 옳지 않다. 우리들이 참다운 벗을 사귀고 그들과 함께 있다는 것은 이 거룩한 도의 절반이 아니라 진실로 그 전부를 이룬 것이다. 참다운 벗을 사귀고 그들과 함께 있는 비구들은 거룩한 팔정도를 배우고 닦아서 마침내 성취하리라는 것을 기약할 수 있다. 그러기에 이 거룩한 도의 전부라고 하는 것이다.

아난다여! 이렇게 생각해보면 알 수 있으리라. 사람들은 부처를 참다운 벗으로 사귐으로써, 늙어야 할 몸이면서 늙음에서 자유로워질 수가 있다. 병들어야 하는 몸이면서 병에서 자유로워질수가 있으며, 또 죽을 수밖에 없는 인간이면서 죽음에서 자유로워질 수 있다. 아난다여! 이 말을 생각하면 참다운 벗을 사귀고 그들과 함께 있다는 것이 이 도의 전부를 이룬다는 의미를 알게 될 것이다."

이렇듯 승가에서도 도반의 의미가 크다고 볼 수 있다. 속세에서는 더욱더 진정한 참다운 벗이 소중하고 필요할 것이다.

삶을 살아가기 위해서는 많은 것을 필요로 하고 가지고 있어야 하지만 진정한 가치의 보배는 바로 소중한 친구인 것이다. '포도주와 친구는 오래될수록 좋다'는 구절이 있듯이 진정한 벗은 갑자기 생기지 않는다. 오랜 세월을 함께하면서 서로의 힘이 되어주고 버팀목이 되어주면서 만들어지는 것이다.

지금 눈앞의 이익만을 위해 상대방을 대한다면 더 큰 이익을 가질 수 없을 것이다. 더 큰 이익을 가지려면 상대방을 도와주고, 그 상대방을 벗으로 생각하고 정성을 다해야 한다. 그럴 때 상대방도 당신을 진정한 벗으로 생각할 것이다.

일생에 있어 단 한 명의 진정한 도반, 벗, 친구가 있다는 것은 자기 인생에 있어 성공한 삶이라 할 수 있다. 나무와 꽃의 친구는 누구인가? 그것은 물과 태양일 것이다. 그럼 나의 진정한 벗은 과연 누구인가? 함께 고락을 같이 하며 마음을 알아주는 상대방이 바로 진정한 벗이 아닐까?

지금 우리의 진정한 벗은 누구인가? 물러남이 없는 굳건한 믿음으로 정진하는 마음이 평생의 벗이리라.

내 인생의 값어치

인간의 가치를 학력이나, 지식, 지위, 지명도 등으로 구분하기 쉬우나 참다운 가치는 그와 같은 세속적 기준으로 판단할 수 없다. 어떤 평판을 듣던 간에 자신의 할 일을 향해 꾸준히 노력하는 데 의미가 있다.

약삭빠른 자는 어느 사회든지 존재한다. 그들은 세파를 잘 헤쳐나아가 좋은 지위에 오르고 의기양양하게 거리를 활보한다. 그리고 그런 자의 인생을 가치 있는 생활이라 평가하고, 보람 있는 것이라고 말한다.

그러나 그것은 덧없는 일에 지나지 않는다. 이러한 인간이 되기보다는 비록 그늘에 파묻혀 있다 해도 자기의 일에 충실한 것이 매우 뜻있는 일이라 하지 않을 수 없다.

어떤 문인은 이런 말을 했다.

"문사文士 중에는 인간의 찌꺼기가 많다."

그들은 다른 사람보다 화려하다. 매스컴을 통해 인기를 얻어 유명인이 된 작가들을 세상에서는 고매한 인격자라고 생각한다. 그리고 어느 방송에서는 종교인이 고정출연하여 코미디언처럼 행동하고, 그에 편승하여 여러 곳에 초청되어 연예인보다 더 연예인이 되어가는 모습을 보며 '대단하다'고 한다. 그러나 그 안팎을 살펴보면 그렇지도 않다는 것을 알게 된다.

직함이나 지명도가 그 인물을 평가하는 데 있어서 하나의 방편이 된다고는 하지만 그러한 선입관이 잘못된 경우도 있다는 사실을 알아둘 필요가 있다.

배우나 가수들이 고소득자가 되면서 요즘 젊은층에게는 선망의 대상이 되고 있다. 그들 가운데는 기이한 행동으로 모자라는 실력을 숨기면서 인기만을 모으려고 하기도 하며, 또한 기상천외한 복장으로 사람들의 시선을 끌어 떨어진 인기를 만회하려고도 한다. 이러한 풍조는 비단 예능계뿐만 아니라 매스컴에 등장하는 정치가, 학자, 예술가, 스포츠맨 등도 마찬가지다.

부처님께서도 영원한 보석을 얻기 위해 모든 권력과 부귀영화를 버리고 출가하여 깨달음을 성취하셨다. 옳지 않은 일과 부와 명예에 눈이 어두워 비굴해진다면 삶의 목적이 도대체 무엇인가?

장사 스님이 이르기를 "백 척이나 되는 대나무 꼭대기에 앉아 있는 사람이여! 비록 꼭대기에 앉아 있어도 아직까지 완전한 진리를 깨달은 자리가 아니다. 백척간두에 있어도 한 발짝 더 나아갈 수 있는 용기를 가진 자만이 시방 온 세계에 그 위의를 드러낼 수 있는 것이다" 하였다.

달도 차면 기울고, 아무리 아름다운 꽃도 피고 나면 시든다. 그러므로 자기를 낮추어서 항상 부족한 듯이 생활하여야 하는 것이다. 잘못된 허상과 허구 그리고 물질에 쫓기는 삶보다는 항상 참회하며 지혜를 닦으며 살아가야 하는 것이다. 그래야만 새롭게 시작할 수 있다.

내 아이 우등생 만들기

부모는 자녀를 우등생으로 키우고 싶은 의지가 강하고 자녀의 미래에 대해 많은 고민을 한다. 하지만 정작 자녀의 미래를 결정할 진로 선택 시기에 봉착하면 답변을 못하고 직업 선택에서도 갈팡질팡한다. 획일화된 우리의 교육제도 탓일 수도 있고, 정형화된 사고의 문제일 수도 있다.

일반적으로 부모들은 자녀가 공부만 잘하면 미래가 보장되는 것처럼 생각한다. 그러나 세상은 '학교 우등생=인생 우등생'이라는 공식이 성립하지 않는다. 자녀가 일생을 행복하고 보람 있게 살아가는 방법을 가르쳐주는 현명함이 필요하다.

학교만이 아니라 사회에서도 경쟁력을 갖춘 아이로 키우고 싶어 하는데 이를 위해서는 어릴 때부터 직업 세계에 대한 적

극적인 탐색이 중요하며 10~20년 후를 고려해야 한다. 우리 자녀를 학교 우등생으로 머물게 할 것인가. 평생 우등생으로 키울 것인가? 이는 결국 부모에 달려 있다. 이렇게 해보자.

첫째, 내 자녀를 제대로 아는 것이 출발점이다. 자녀가 지니고 있는 흥미와 적성, 능력이나 소질, 성격, 신체 조건을 정확히 파악해야 한다. 특별히 흥미를 갖고 집중하는 과목과 주로 하는 놀이, 어떤 일을 할 때의 반응 등을 자세히 관찰하고 특성을 올바르게 파악해야 한다.

둘째, 건전한 직업관을 갖도록 하자. 건전한 진로의식은 하루아침에 형성되는 것이 아니다. 부모부터 올바른 직업의식을 갖고 일상생활에서 자녀와 대화하면서 직업에 대한 올바른 가치관과 건전한 생각을 할 수 있도록 해야 한다.

셋째, 직업세계에 대한 탐색을 도와야 한다. 사람은 평생 동안 삼분의 일은 잠을 자고, 삼분의 일은 일을 하고, 나머지 삼분의 일은 쉬면서 살아간다. 따라서 직업은 가장 중요한 삶의 현장이다. 진학과 직업에 관련된 진로 선택은 신중해야 하며 스스로 판단할 수 있는 능력을 키워주는 것이 중요하다.

초등학교는 진로 인식의 단계이다. 지도는 큰 틀에서 직업 세계의 탐색과 자기 이해 두 가지로 이뤄진다. 그 핵심은 자녀가 어떤 활동에 관심이 있는지를 관찰하며 자녀에 대한 이해도를 높이는 것이다. 아직 특별한 적성이 잘 드러나지 않을 수도 있기에 다양한 기회와 환경을 제공해야 한다.

중학교는 진로 탐색의 단계이다. 능력과 적성에 따라 직업을 구체적으로 탐색하고, 잠정적으로 자신에게 어울리는 직업을 찾아가는 시기라고 할 수 있다. 이 시기에도 직업세계의 탐색과 자기 이해의 작업이 함께 이뤄져야 하며 구체적인 진로가 정해져야 한다. 진로에 대해 별로 생각하지 않았던 학생들도 3학년이 되면 진로의 첫 관문이라 할 수 있는 고등학교를 선택해야 하기 때문이다.

어떤 계열 고등학교로 진학하느냐에 따라 진로가 결정된다. 기초적인 전문화 교육이 시작되는 이때 사실 자녀의 진로 고민은 현실이 된다. 자녀의 미래를 결정할 고교 선택은 무엇보다도 학생의 능력과 재능에 따라 소신 있게 결정해야 한다.

고교 때는 진로 탐색과 준비를 해야 하고, 대학 입학 때는 학과를 선택해야 하는 매우 중요한 시기가 된다. 진로에 대한 구체적인 준비가 함께 이뤄져야 한다. 이 때문에 객관성을 갖고 자녀의 미래 목표와 연관된 장기적인 직업 목표를 세우는 것이 가장 중요하다.

물론 앞으로의 세상은 기성 세대가 살아 온 직업세계와 직업관이 확 바뀔 것이다. 없어지는 직업의 종류도 많을 것이고, 새롭게 생기는 직업의 종류도 많을 것이다. 따라서 기존의 학교 교육도 엄청나게 바뀔 것이다. 성적만으로 섣불리 아이를 평가하지 말아야 한다. 변화를 감지하는 안목이 함께 필요하다.

마음 속 번뇌의 불꽃

부처님의 중생 교화는 대기설법과 비유법문으로 이루어져 있다. 비유법문으로는 특히《법화경》의 화택火宅의 비유, 궁자窮子의 비유, 약초유藥草喩, 화성유化城喩, 의주유衣珠喩, 계주유髻珠喩, 의자유醫子喩 일곱 가지가 유명하다.

부처님께서《법화경》〈방편품〉을 말씀하시니 상근기인 사리불존자 등은 그 자리에서 이해하였으나 하근기 제자들은 이해하지 못했다. 이에 부처님께서는 이러한 법문을 하셨다.

옛날 큰 장자가 있었는데 나이가 아주 많아서 전답과 가옥, 종복들을 이루 다 헤아릴 수 없었다. 집은 매우 컸으나 문이 하나뿐이고, 백여 명의 식구가 한 집에 살았으며 집은 지은

지 오래돼 누각과 기둥은 낡고 썩었으며 대들보는 기울어가
고 있었다.

　그러던 어느 날 갑자기 원인 모를 큰 불이 났고, 사방에서
맹렬한 불길이 일어나 언제 집이 무너질지 모르는 상황이 되
었다. 그런데도 장자의 아들들은 놀이에 정신이 팔려 있었다.

　먼저 뛰쳐나온 장자는 아이들에게 얼른 나오라고 재촉하였
지만 놀이에 정신을 빼앗긴 아이들은 도무지 밖으로 나올 생
각을 하지 않았다. 이때 장자는 아이들이 장난감을 좋아한다
는 사실을 생각해냈다.

　"여기 장난감이 있다. 어서 나와서 가지고 놀아라. 늦으면
갖지 못한다."

　장난감이라는 말에 앞다투어 뛰어나온 아이들을 보고 장자
는 그제야 안심이 되었다. 이때 아이들은 아버지에게 약속하
신 양이 끄는 수레, 사슴이 끄는 수레, 소가 끄는 수레를 달라
고 하였다. 그러자 장자는 아들들에게 그것보다 더 좋은 수레
가 있다며 흰 소가 끄는 수레를 주었다. 그 수레는 크고 널찍
했으며, 네 귀퉁이에 풍경을 달았고 또 그 위에는 일산을 받

치고 휘장을 두루는 등 매우 화려하게 장식되어 있었다.

이 세 가지 수레는 성문聲聞, 연각緣覺, 보살菩薩 삼승三乘을, 흰 소가 끄는 수레는 일불승一佛乘의 도리로 장엄한 대승을 비유한 것이다. 불교에서는 하나에서 여럿이 나오고, 여럿은 하나로 돌아가는 이치를 말하는데 석가세존의 설법은 이 원리에 따라 설해지고 있다.

성문에게는 사성제四聖諦 도리를, 연각에게는 12연기十二緣起를, 보살에게는 육바라밀六波羅蜜을 설하였다. 여기서 장자는 부처님이고 아들은 중생으로, 이 법문을 통해 유의하여야 할 것을 살펴보자.

첫째, '우리가 사는 세상은 불난 집(火宅)과 같다'고 하는 현실에 대한 올바른 인식이다. 화택이란 삼독번뇌의 불꽃에 휩싸여 생로병사의 괴로움이 가득 찬 현실세계를 뜻한다.

둘째, 불이란 탐진치 삼독의 무명에 의한 생로병사, 고苦의 근본을 말한다.

셋째, 불난 집에서 어떻게 벗어나야 하는가 하는 자비의 방편법을 설하시는바, 그런 삼계 고해苦海에서 어떻게 해탈할 수 있는지를 말씀하고 계신다.

세 개의 수레는 삼승의 해탈방법론으로 성문, 연각, 보살을 지칭하고 있다. 불법은 일미一味의 바다로서 평등의 진리이지만 받아들이는 중생들의 근기에 따라 차별이 있기에 부처님께서는 삼승의 방편을 쓰신 것이다.

즉, 장자가 세 가지 수레를 써서 아들들을 불난 집에서 구제하는 것처럼 부처님은 중생들을 번뇌의 화택에서 끌어내 일승의 진리로 인도하고 계신다. 석가세존 출세의 본회인 일불승으로 중생을 마지막까지 구제하고 인도하신 것은 중생을 위해 일생애를 다 바치고자 한 부처님의 원력이셨다.

이 현실세계가 마치 불난 집처럼 아수라판이라 마음속 번뇌의 불꽃을 억제하지 못하고, 급기야는 서로 치고 받고 죽이기까지 하는 세상살이를 경계하여 삼계 고해의 해탈법을 말씀하신 것이다. 결국 오직 하나 불도에 들어서기 위한 방편이라는 사실을 우리 불자들은 깨달아야 할 것이다.

우리는 지금 불타는 집에서 살아가고 있다. 번뇌의 불꽃은 스스로를 태우고 남을 해친다. 그 불길을 잡는 길은 오직 일승의 길을 통한 성불이며, 그 길을 가기 위해서 보살도를 닦는 것뿐이다. 우리는 부처님 가르침을 충실히 이행하여 활활 타오르는 탐진치 삼독의 불꽃을 잠재우고 대승보살도의 원력으로 다함께 잘사는 세상이 되도록 정진해야 할 것이다.

좋은 일은 서둘러 행하라

나라의 살림을 맡길 정치인 선거철이 되면 국민들은 '좀 더 잘 살 수 있는 정치를 하지 않을까' 하고 내심 기대해본다. 정치인들은 대통령 선거나 국회의원 선거할 때에 공약이라는 기치 아래 국민들에게 다가온다. 이전투구와 부풀려지는 기대감으로 다시 한 번 우리들의 귀와 눈과 마음을 어지럽게 만들 것이다.

지금까지 그래왔던 것처럼 앞으로도 그러할 것이다. 그것이 공수래공수거인 것을 모르는지, 아니면 알면서도 그 깊이에 빠져 무개념 상태에 있는지도 모른다. 한해 한해 지내면서 반성하고 참회하며 좀 더 나은 삶을 위해서 기도, 수행, 정진하는 모습이야말로 참다운 공양구인 것을 우리는 스스로가 망각해버린다. 남을 위해 사는 삶이 진실되고 보람된 줄을 모르고 지낸다면 '자기 자신을 잃어버렸다'고 할 수 있다.

청허휴정(淸虛休靜, 1520~1604) 서산대사西山大師는 공덕의 가르침을 널리 펴기 위해 〈회심곡回心曲〉을 지어 보급하였다.

선심하마 발원하고 진세간에 나가더니
무슨 선심하였느냐 바른대로 아뢰어라
선심공덕 하마더니 무슨 공덕 하였느냐
배고픈 이 밥을 주어 기사구제 하였느냐
헐벗은 이 옷을 주어 구난선심 하였느냐
좋은 터에 원을 지어 행인구제 하였느냐
깊은 물에 다리 놓아 월천공덕 하였느냐
목마른 이 물을 주어 급수공덕 하였느냐
병든 사람 약을 주어 활인공덕 하였느냐
높은 뫼에 불당 지어 중생공덕 하였느냐
좋은 터에 원두 놓아 만인 해갈하였느냐
부처님께 공양드려 염불공덕 하였느냐

마음 닦고 선심하여 어진 사람 되었느냐

이와 같이 살아생전 공덕을 많이 지어야 한다는 서산대사의 의중이 담긴 내용이다. 평상시 꾸준한 노력 말고는 깨우침을 얻는 지름길이라는 것이 다른 곳에는 없다. 마술이나 최면술을 부릴 수 있다고 해서 사람을 속이는 수단으로 쓴다면 '마술이 악마술이 된다는 것'을 알아야 한다. 기적은 평상시의 노력 속에서만 생겨나는 것이다.

《법구경》말씀 중에 교훈이 되는 구절이 있다.

좋은 일은 서둘러 행하라.
나쁜 일에 대해서는 마음을 지켜라.

새로운 마음으로 큰 꿈과 희망을 가지면서 지혜와 슬기로운 생각으로 꾸준히 노력한다면 복덕이 구족하게 될 것이다.

스님은 어디 계시는지요

고려 후기 원감국사圓鑑國師 충지(沖止, 1226~1292) 스님의 이야기다. 어느 날 촉망받는 젊은 승려가 스님을 찾아왔다. 그는 충지 스님이 대장경 작업을 할 때 스님의 곁에서 많은 도움을 주었는데, 그의 명민함과 진지함을 충지 스님이 아끼고 있던 터였다.

"스님은 세상 밖에서 세간의 일들을 함께하고 계시니, 스님은 정녕 어디 계시는 것인지요?"

젊은 승려의 당돌한 질문에 충지 스님은 미소를 보이며 이렇게 답한다.

"저기 저 새는 하늘을 날다 땅에서 잠드니 놈은 어디에 있는 것인가?"

"저 새는 하늘을 날다 비록 땅에서 잠드나 들짐승과 구별되는 까닭에 하늘에 있는 것이지요."

"날짐승과 들짐승의 가름은 사람에 의해 나누어진 것일 뿐, 그 짐승들이 그리 태어나는 것은 아니다. 똑같은 이치로 하늘과 땅의 가름 또한 헛된 것이다. 그러니 새가 어디 있느냐는 나의 질문도 어리석은 물음이 아닌가? 새는 그저 제 놈이 머무는 곳에 있을 뿐이다."

인위적인 가름이나 교리문답이 갖는 폐해를 누구보다 잘 아는 충지 스님은 젊은 승려에게 그러한 공론空論의 위험을 경계해준 것이다. 그러나 젊은 수행자는 스님의 의중을 헤아리지 못하고 다시 물었다.

"스님도 스님이 계신 곳에 계실 뿐입니까? 그렇다면 스님이 계신 곳은 어떤 곳입니까? 세간世間이옵니까, 출세간出世間이옵니까?"

충지 스님은 빙그레 웃으며 뜰을 걸어 다니는 새를 손으로 가리킨다. 젊은 스님은 그제야 알았다는 듯이 절을 하고 물러갔다. 후에 충지 스님은 시를 적어 그 스님에게 보내주었다.

봄날 계원에 핀 꽃은

그윽한 향기 소림의 바람에도 날리지 않네.

오늘 아침 열매 익어 감로에 젖으니

무한한 인천에게 맛은 똑같다.

春日花桂苑中 暗香不動少林風

今朝果熟沾甘露 無限人天一味同

사람들의 얕은 지혜로 나누어 놓은 인위적인 구별을 모두 아
우르는 커다란 지혜를 그는 보았던 것이다. 그러므로 그는 세
간에 있으며 또한 출세간에 있는 것이다. 세간이란 세속을 말
하고, 출세간이란 세속을 떠남을 말한다.

그런데 진정한 깨달음을 얻기 위해서는 세속을 떠난다고
의식하는 것조차 다시 떠나야 한다. 세간이니 출세간이니 하
는 분별은 모두 인간의 집착이며, 이러한 집착은 인간을 혼란
스럽게 하기 때문이다. 그래서 다시 출출세간出出世間이 필요
하다. 자기가 세간을 떠난다는 사실조차 초월하는 것이다.

충지 스님께서 젊은 스님의 물음에 새를 가리킨 것이 바로

교외별전敎外別傳이다. 말하지 않고 가르친 것이다. 새는 땅에 있다가 필요하면 하늘을 난다. 그러다가 지치거나 하면 다시 땅으로 내려온다. 땅에 있는 것이 세간에 있는 것이라면 하늘을 나는 것은 출세간이다. 그러나 하늘을 날다가도 아무런 분별없이 자연스럽게 다시 땅으로 내려온다. 새가 땅에 내려앉았다고 해서 새가 아닌 것이 아니다. 새는 날짐승이지만 뭍짐승이기도 하다. 충지 스님은 이러한 새의 모습을 자기에 비유하여 세간이니 출세간이니 하는 인간의 분별이 한낱 미망迷妄임을 젊은 수행자에게 가르친 것이다.

사람의 지식에 밝았던 젊은 스님도 자신의 얕은 지혜를 깨달고 돌아간 것이다.

떡은 이제 내 것이다

좋은 것을 보면 갖고 싶은 마음이 드는 것이 인간의 욕망이다. 그러나 그것을 가지지 못할 때 욕망은 고통이 된다. 이는 부처님이 말씀하신 여덟 가지 고통 중 하나이기도 하다.

눈(眼)은 색깔과 모양에 맛들이고, 귀(耳)는 소리에 맛들이고, 코(鼻)는 냄새에 맛들이고, 혀(舌)는 맛에 맛들이고, 몸(身)은 접촉에 맛들이고, 생각(意)은 허망한 대상을 영상으로 그것에 맛들인다. 그 때문에 즐거운 것(快)과 괴로운 것(苦)이 생기게 되고, 좋은 것을 취하려고 하고, 싫은 것은 버리려고 애쓰는 것이다.

그러므로 거기에 갈애가 생기고, 그 갈애로 말미암아 고통이 이어진다. 무엇을 갖고 싶다는 욕망은 우리의 감각이 물物

을 따라가는 것이다. 사물을 따라가는 것은 스스로 주인이 되지 못하고 노예가 되는 것이다. 이는 모두 어리석음과 탐욕으로 인해 일어난다.

고집이 센 한 부부가 있었다. 하루는 그들에게 떡 세 개가 생겼다. 부부는 떡 한 개씩을 나누어 먹고 나머지 한 개를 서로 먹겠다고 입씨름을 벌였다.

그러다 먼저 입을 열지 않는 사람이 이 떡을 먹기로 결정했다. 떡 한 개 때문에 하루 종일 부부는 입을 열지 않았다. 먼저 말을 꺼내면 떡을 놓치기 때문이다. 그런데 공교롭게도 밤에 그 집에 도둑이 들었다.

도둑은 방 안에 들어와 물건을 훔쳐 보자기에 쌌다. 그래도 두 사람 모두 입을 봉한 채 도둑이 하는 거동만 빤히 보고 있었다. 도둑은 이들이 겁이 나서 가만히 있는 줄 알았다. 그런데 자세히 보니 그런 것은 아니었다.

이상하게 생각되어 앉아 있는 부인을 건드려 보았다. 그런데도 남자도 말이 없고, 여자도 아무 말이 없었다. 용기를 낸 도둑은 대담하게 부인의 옷고름을 풀기 시작했다. 그런데도 남편은 말이 없었다. 참다못한 아내가 "도둑이야!" 하고 고함을 치면서 남편에게 대들었다. "이 미련한 양반아! 그래, 떡한 개 때문에 도둑이 자기 아내를 겁탈하는 것을 보고도 가만히 있단 말이요!" 그러자 남편은 "야! 떡은 이제 내 것이다" 하고 비로소 입을 열었다.

범부들이란 《백유경》에 나오는 이 어리석은 부부와 같다. 조그마한 명성이나 이익을 위해 큰 손해를 보면서도 잠자코 있다. 온갖 번뇌와 악한 도둑의 침범으로 좋은 법을 잃고 악도惡道에 떨어진다 해도, 그것을 두려워하기는커녕 출세의 길만 갈구한다. 그리고 오욕락에 빠져 큰 고통을 당하더라도 재난이라고 생각하지 않는다.

아무리 많은 경을 독송해도 그 내용을 이해하지 못하면 헛일이며 또 이해했더라도 그 가르침대로 실천하지 못하면 이 또한 아무 의의가 없는 가르침이다. 이해하는 만큼 실천하는 것이 중요하다.

견우와 직녀

칠월칠석은 고구려 때부터 내려오던 명절이다. 1,600년 전부터 성행하였는데 덕흥리 고분에는 견우牽牛와 직녀織女가 만나는 고구려 벽화가 있다.

　하늘의 은하수를 사이에 두고 서로 떨어져 있다가 음력으로 7월 7일이 되는 날 만나는 것이다. 칠석을 다른 말로 표현하면 호미 서鋤 자를 써서 '세서절洗鋤節'이라고도 한다. 즉 호미를 씻는 날이다.

　호미를 들고 일하는 머슴들이 농사일을 끝냈다는 의미다. 그래서 이 날은 노동을 하던 머슴과 하인에게는 반가운 날이기도 하였다. '견우'와 '직녀'라는 의미도 결국 노동과 관련이 있다. 견우는 '남자가 소를 몰고 하던 농사일'을 상징하고, 직녀는 '여자가 옷감을 짜는 일'을 상징한다. 그래서 견우와 직녀가 만난다는 것은 '남녀가 일을 멈추고 쉰다'는 의미가 있다. 고천문학古天文學에서 보면 "자미원紫微垣 한가운데 있는 천황대제(北極星)와 북두칠성北斗七星이 만나는 시기"이기도 하다.

북두칠성은 예로부터 한국과 중국에서는 인간의 수명을 관장하는 별자리로 여겼다. 그래서 북두칠성을 신격화하여 칠성신을 모시고 칠성기도를 올렸다. 칠성기도는 산 사람을 위한 기도이다. 살아있는 사람들을 위해서 하는 기도인 동시에 미래를 향해 나아가는 가는 것이다.

음력 7월 15일은 백중날이다. 고대 농경사회에서는 보름달이 기점이 된다. 정월보름이 1년을 시작하는 '대보름'이라면 7월 보름은 절기상 전반부를 마감하고 후반부를 시작하는 날이다. 그래서 7월 보름을 백중이라 불렀다. 모든 절기의 중심이라는 뜻이다. 또한 망혼일亡魂日이라고 하는데 민가民家에서는 달이 뜨는 밤이 되면 과일, 나물, 술, 밥 등을 차려 놓고 돌아가신 분의 혼魂을 불러 제사를 지낸다 해서 '망혼일'이라고도 한다.

불가에서는 자자自恣를 행하는 음력 7월 보름 제방의 청정한 스님들께 음식을 공양 올린다. 안거 정진을 마치는 배고픈 수행자들에게 공양을 올림으로 그 공덕으로 인해 조상 영가를 극락으로 왕생하게 하는 의식인 것이다. 우리가 여러 생을 윤회하면서 인연 맺었던 선망부모와 친지들의 은혜에 감사하고 그들의 명복을 비는 그런 날이라 할 수 있다.

살아있는 염불

우리가 예불할 때 하는 지심귀명례至心歸命禮는 목숨 바쳐 지극한 마음으로 예를 드린다는 뜻이다. 이렇게 신명을 다해 지극한 마음으로 기도하면 부처님과 보살님의 가피를 입게 되는 것이다. 다시 말해 한 치의 그릇됨이 없이 반석盤石 같은 견고한 믿음과 정성이 어우러져 나 자신과 불보살님이 하나가 되어 깊은 삼매三昧에 빠져들 만큼 심취할 때 기적 같은 은혜를 입게 되는 것이다.

우리가 올리는 수많은 기도 중에서 과연 몇 차례나 지심귀명례로 하였을까 스스로 생각해볼 일이다.

해동의 큰 별 원효 스님이 사랑하는 친구 대안 스님을 만나려고 서라벌(지금의 경주) 남쪽 산에 있는 석굴을 찾아갔다.

대안 스님은 생불生佛같은 선지식이었는데도 경주의 그 유명한 불국사 같은 좋은 절에 안 계시고 산중에 있는 바위 굴속에서 생활하셨다.

원효 스님이 그곳에 당도했을 때, 마침 대안 스님은 너구리 새끼들을 품에 안고 있었다. 원효 스님이 물었다.

"무엇을 하고 계십니까?"

"어미 잃은 너구리 새끼들을 돌보고 있습니다."

그리고는 젖을 얻어다 먹여야 할 것 같다며 원효 스님께 새끼 너구리들을 맡기고 훌쩍 젖동냥을 떠나는 것이었다. 그런데 대안 스님이 떠난 후 그만 새끼 한 마리가 죽었다. 하는 수없이 원효 스님은 죽은 너구리 새끼를 위해 염불을 시작했다. 대안 스님이 젖동냥을 해가지고 돌아와서는 무슨 염불을 하느냐고 물었다. 원효 스님이 죽은 너구리를 위해 한다고 대답하자 대안 스님은 퉁명스럽게 말하는 것이었다.

"염불을 하려면 살아있는 염불을 해야지!"

원효 스님이 물었다.

"어떤 것이 산 염불입니까?"

대안 스님은 동냥해온 젖을 너구리 새끼들에게 먹이면서
말했다.

"이것이 바로 너구리 새끼들이 알아들을 수 있는 살아있는
염불이오."

중생을 살리는 염불, 중생을 이롭게 하는 염불을 해야 하는
것이다. 염불하고 기도할 때는 마음을 허공처럼 비워야 한다.
탐욕도 미움도 벗어놓고 오직 자비심慈悲心이 가득한 마음으
로 부처님 곁으로 다가섰을 때 비로소 뜻을 이룰 수 있다.

기도의 종류는 많다. 저 자신만 잘 되기를 바라는 것은 도
둑놈의 업을 짓는 기도이고, 정성과 신심이 깃들지 않고 손바
닥만 비비고 입으로만 하는 기도는 구걸하는 거지의 업을 짓
는 기도이다.

참된 기도라는 것은 너와 내가 더불어 잘 되기를 바라는
자리이타自利利他의 마음이어야 한다. 이것이 바로 대승보살의
업을 짓는 기도이다.

대안 스님이 굶주려 죽어가는 너구리 새끼들을 위해 젖동냥을 해다가 먹인 그런 크나큰 사랑, 자비를 실천하는 것이 보살이 할 수 있는 최선의 기도인 것이다.

불교에서 말하는 정치 지도자상

정치 지도자 또는 대통령이 종교 편향적 행동과 발언으로 불교계의 비판을 받은 적이 있다. 이것은 불교계의 피해의식이나 위기위식 때문만은 아니다.

근대 국가에서 정교분리政敎分離를 한 이유는 국민들에게 종교의 자유를 보장하기 위함이고 그래서 국교를 금지한 것이다. 종교 편향은 결과적으로 종교의 자유를 침해하는 것이기에 하루속히 사라져야 한다. 불교 경전을 통해 바람직한 정치 지도자상에 대해 살펴보고자 한다.

불교는 생사윤회의 속박을 벗어난, 해탈과 열반의 실현을 궁극의 목표로 삼는다. 하지만 이것은 불교가 정치를 비롯한 현실 문제에 관여하지 않는다는 의미가 아니다.

여러 불교 경전을 주의 깊게 살펴보면 불교는 오히려 현실 문제에 깊은 관심을 표명하고 있음을 알 수 있다. 정치 지도자가 걸어가야 할 올바른 길에 대해서도 적지 않은 가르침이 설해져 있다.

《증일아함경》에는 국왕이 지켜야 할 열 가지 덕목을 제시하고 있다.

첫째, 국왕은 재물에 집착하지 않고 성을 내지 않으며, 조그만 일로 해치려는 마음을 일으키지 않을 것.

둘째, 신하들의 충고를 받아들여 그 말을 거스르지 않을 것.

셋째, 항상 보시하기를 즐기며 즐거움을 백성들과 함께할 것.

넷째, 법으로써 재물을 거두고 비법非法으로써 하지 않을 것.

다섯째, 남의 여자를 탐하지 말고 자기 아내만을 보호할 것.

여섯째, 술을 마셔 마음이 어지럽게 되는 일이 없도록 할 것.

일곱째, 희소戲笑하지 말고 외적을 항복시킬 것.

여덟째, 법을 다스리고 교화하여 비뚤어짐이 없을 것.

아홉째, 신하들과 화목하여 다툼이 없도록 할 것.

열째, 국왕은 병이 없고 기력이 강성할 것.

이러한 열 가지 덕목은 국왕이 국왕의 자리를 오래 유지하는 데 필요한 것인데, 불교도들은 국왕을 추앙하고 공경하기만 하는 것이 아니라, 국왕에게도 이와 같이 윤리적 실천을 강력히 요구하고 있다.

또 경전에 의하면, 정법으로 이 세상에 이상국가를 실현한다는 전륜성왕轉輪聖王은 부처님처럼 32상相을 갖추고 있다. 이러한 32가지의 뛰어난 용모와 미묘한 형상은 과거 생에 수많은 선행과 공덕을 쌓아서 이룬 것이라고 한다.

앞서 부처님의 말씀처럼 정치 지도자는 자신의 종교는 물론 학연과 지연 등에 갇혀서는 안 된다. 그래서는 큰 정치를 할 수 없고 나라는 분열되고 불안해진다. 지도자는 항상 평등과 관용의 큰 정치를 지향하며, 사회의 통합과 국가의 평화를 일구어가야 할 것이다. 또 우리들은 그러한 지도자를 잘 뽑아야 한다.

마음으로 일으킨 병

《유마경維摩經》에 보면 "지금 나의 이 병은 모두가 전생의 망상妄想이나 뒤바뀐 생각이나 여러 가지 번뇌에서 생긴 것입니다"라는 구절이 나온다.

사람들은 "병에 왜 걸렸느냐?"라고 물으면 여러 가지로 답을 한다. 사고로 병에 걸렸다고도 하고, 무엇을 잘못 먹어서 그랬다고도 한다. 사고로 다치는 등의 병들은 거의 외부에서 온 것이다.

그러나 가만히 잘 생각해보면 이러한 병도 대부분은 마음에서 출발한다. 자동차 사고로 다친 사람도 사고가 나기까지를 살펴보면 급한 마음으로 차를 운전했거나, 아니면 급한 마음으로 운전한 상대방이 사고를 낸 경우가 많다. 특히 욕망과 관련된 마음의 작용들이 몸을 점점 흩트려 놓는다. 다만 내가 알아채지 못했을 뿐이다. 그러므로 경전에서는 병의 원인으로 마음을 말한다.

《불본행집경佛本行集經》에서는 "모든 사람들에게는 탐욕과 성냄과 어리석음과 교만이라는 네 가지 독화살이 있어 병의 원인이 된다"고 했다. 병의 원인은 한마디로 말하면 몸과 마음이 모두 부정하기 때문이다. 몸도 마음도 청정하지 못할 때 얼기설기 막아놓은 벽에 바람이 스며들듯이 병이 찾아든다.

만약 평소에 청정한 몸과 마음을 유지해왔다면 사고나 병이 발생할 근원을 끊어버렸을지도 모른다. 그러므로 병의 치유를 위해서는 무엇보다도 청정한 삶을 사는 작업이 선행되어야 한다. 몸과 마음의 청정함을 이루면 어떠한 병이라도 예방할 수 있으며 이미 나타난 병도 극복할 수 있다.

그러면 해야 할 일과 하지 않아야 할 일들을 스스로 알게 되고 주변의 의사와 약사 등의 선지식들을 통해 더욱 빠르고 효과적인 치료법들을 알게 될 것이다. 이것들을 실천하면 고통은 점차 소멸될 것이다.

《능엄경楞嚴經》에서는 "여덟 가지 복전 가운데 병을 간호하는 것이 첫째가는 복전이니라"라고 말씀하셨고,《범망경梵網經》보살계에서는 불자가 지켜야 할 덕목 가운데 "병든 이를 간호하라"고 말하고 있다.

복전은 복덕을 심는 밭이라는 뜻인데, 크게 경전敬田과 은전恩田, 비전悲田의 세 가지로 나눈다. 경전이란 우리가 공경을 하는 것으로 부처님과 부처님의 가르침, 그리고 부처님의 가르침에 따라 수행정진하는 수행자를 말한다. 은전이란 우리에게 은혜를 베풀어 주신 분들로 고마운 마음에 은혜를 갚으면 큰 공덕을 얻게 되는 대상이다. 아버지, 어머니, 스승 등을 말한다. 비전은 가난한 사람에게 보시하고, 병든 사람을 간호해주면 큰 공덕을 짓게 되는 밭이다.

경전 셋과 은전 셋에 비전들을 합하면 여덟 가지 복전이라 하는데 이 중에서도 병든 이를 간호하는 간병공덕이 제일이라고 한다.

지금부터는 마땅히

병든 사람을 돌봐주도록 하라.
만약 나에게 공양할 생각이 있거든
먼저 병자를 위하여 공양하라.

부처님께서 《사분율四分律》에서 말씀하신 이 말을 우리는 가슴 깊이 새겨야 한다. 단순히 간병공덕만 강조하는 가르침이 아니라 약자를 돌보는 것이 부처님께 올리는 공양과 같다는 진리의 말씀이다.

작은 설 동지

음력 11월 동짓날은 24절기 중의 하나로 낮이 가장 짧고 밤이 가장 긴 절기다. 대설과 소한 사이에 자리한다. 농경사회에 근거를 둔 세시 풍속에 불교 사상이 녹아든 날이다.

신라 법흥왕 때는 불법을 국가 세시 풍속의 하나로 시행한다는 불법공행령佛法公行令을 반포할 만큼 고대의 세시 풍속은 불교와 밀접한 관련이 있다.

중국《형초세시기荊楚歲時記》에 따르면 공공 씨의 망나니 아들이 동짓날에 죽어서 역신이 되었는데 그가 평소에 팥을 두려워했기에 마을 사람들이 동짓날에 팥죽을 쑤어 악귀를 쫓았다고 한다.

이러한 설화는 신라시대에도 등장한다. 선덕여왕이 황룡사에서 예불을 드리는데 지귀라는 사람이 여왕을 사모해 죽기를 작정하고 고백했다. 여왕은 자신이 예불하는 동안 황룡사 9층탑 앞에서 기다리라고 명했다. 그러나 예불시간을 기다리지 못하고 죽은 지귀는 남의 집과 재산을 태우는 악귀가 되었고, 사람들은 팥죽을 쑤어 이를 쫓게 된다.

서양에서는 정화의례의 제물로 양의 피를 사용했지만 동양에서는 살생을 하지 않기 위하여 붉은 팥을 사용했다. 동짓날은 지난 일 년 동안 잘못한 일을 참회하고 새로운 해에 새로운 마음을 다짐하는 시발점이기도 하다.

그래서 불가佛家에서는 동지의 의미가 더욱 깊다. 절에서는 동짓날 예불 시간에 맞춰 팥죽을 올리며 법회를 열고 소외된 이웃과 함께하며 나눔을 사회적으로 회향하려고 한다.

청계사에서도 해마다 동지가 되면 이웃과 함께하는 행사를 한다. 독거노인, 소년소녀가장, 노인복지시설, 장애인시설 등 종교에 관계없이 이웃들과 함께하는데 모든 분들의 입가에 미소가 번지고 눈에는 행복함이 보인다. 이것이 부처님께서 말씀하신 동체대비同體大悲가 아닌가 한다.

동지를 '작은 설'이라고도 한다. 우리에게 설은 새로운 희망의 메시지를 느끼게 한다. 한 해의 아쉬움과 못다 한 일을 정리하며 새로운 한 해를 맞이해야 되는데 못다 한 것에 미련을 갖지 말고 잘못을 뉘우치고 참회한다면 보다 편안한 한 해를 맞이할 수 있을 것이다. 동짓날 절에 가서 따뜻한 팥죽과 동치미를 먹으면서 새로운 달력을 받는다면 새해를 맞이하는 기분이 한결 좋아지지 않을까 생각한다.

동지 팥죽에 대한 설화가 또 한 가지 떠오른다. 갑오년(1892) 동짓날에 있었던 일이다. 경북 울진 불영사 공양주스님이 새벽에 일어나 팥죽을 쑤려고 부엌으로 갔다. 아궁이에 불을 지피려고 살펴보니 불씨는 꺼지고 재만 남아 있었다.

팥죽을 쑤어 부처님께 공양을 올려야 하는데 불씨가 없으니 공양주스님은 앞이 캄캄하기만 했다. 스스로 자책을 하던 스님은 불씨를 얻기 위해 아랫마을 휘씨 댁으로 갔다.

불씨를 얻으려 왔다고 자초지종을 설명하는 스님에게 휘씨 댁 노인이 말했다.

"새벽에 웬 어린아이가 절에 불씨가 꺼져 부처님께 팥죽 공양을 못 올리게 되었으니 불씨를 달라고 찾아왔습디다. 그 아이가 너무나 추워하기에 팥죽 한 그릇을 주었더니 다 먹고 돌아갔어요. 아무리 불씨가 없어도 그렇지 춥고 어두운 새벽에 어린아이를 보내면 되겠습니까."

공양주스님은 노인의 말에 어리둥절해 하며 절로 돌아왔다. 절에 도착해 공양간에 들어가니 아궁이에 장작불이 활활 타고 있는 것이다.

공양주스님은 자신도 모르게 "나한성중羅漢聖衆!"을 외치며 팥죽을 쑤었다. 그리고 팥죽 공양을 올리기 위해 나한전으로 갔는데, 그 가운데 한 나한상의 입에 팥죽이 묻어 있는 것이 아닌가.

이 일이 있은 후 사람들은 동지가 되면 팥죽을 쒀 나누고 기도 정진을 했다는 이야기다. 새로운 한 해를 맞이할 준비는 지금부터 차근차근하여 후회하지 않는 한 해가 되도록 정진해야 되겠다.

부드러운 리더십

가섭존자迦葉尊者은 두타제일頭陀第一로 불릴 만큼 수행은 누구에게도 뒤지지 않았지만 비구들의 심리를 꿰뚫어 보고 그들을 효과적으로 통솔하는 역량은 부족했던 모양이다.

부처님은 그런 가섭에게 어떻게 하면 비구들을 통솔하고 교단을 이끌어 나갈 수 있는지 설했다. 부처님께서 가섭에게 일러주신 내용을 요약하면 다음과 같다.

첫째, 내가 먼저 상대의 방식을 인정한다. 즉 아련야에 사는 비구에게는 아련야 법을 찬탄하고, 걸식하는 비구에게는 걸식하는 공덕을 찬탄하고, 누더기 입는 비구에게는 누더기 입는 공덕을 찬탄하는 것이다.

당시에는 여러 곳에 흩어져 수행하는 다양한 무리의 비구들이 있었다. 따라서 그들을 효과적으로 지휘하기 위해서는 먼저 그들을 칭찬하고 그들의 방식을 인정하는 것이 중요했다. 그렇게 할 때 그들도 마음을 열고 교단으로 포용되기 때문이다.

둘째, 다른 지역에서 비구들이 찾아오면 따뜻하게 맞이하고 배려한다. 만약 어떤 비구가 다른 비구의 방문을 받았다면, 당신은 어디서 왔으며, 이름은 무엇이고 스승은 누구인가에 대해 친근하게 질문하면서 상대에게 관심을 표하라는 것이다. 그렇게 대화하면서 경계심과 긴장을 풀어주고, 그들의 심리상태를 헤아려서 수고를 위로하라는 것이다.

이는 문화와 지향점이 다른 타 지역이나 조직에서 온 사람들을 어떻게 대해야 하며, 어떤 방식으로 새로운 조직의 문화와 질서에 동화시키는가에 대한 가르침이다.

셋째, 모범으로 삼아야 할 만한 사람들을 찬탄한다. 내가 어떤 방향으로 상대방을 인도하고 싶다면 직접적으로 "이렇게 하시오!"라고 지시하기 전에 그 조직이 지향해야 할 훌륭한 비구들의 행동과 인품을 칭찬하라는 것이다.

이는 상대방에게 나의 입장을 강요하는 방식이 아니라 모범으로 삼아야 할 사람을 칭찬함으로써 교단이 원하는 요구 사항을 우회적으로 제시하는 것이다. 이렇게 하면 굳이 직접적으로 강요하지 않고도 자연스럽게 소통이 이루어져서 조직이 화합한다. 여기서 보이지 않는 리더십이 나타난다. 역사적 위인이나 훌륭한 사람들의 덕을 찬탄하는 것도 다 이와 같은 목표를 지니고 있음을 알 수 있다.

넷째, 내가 먼저 상대의 방식에 따라준다. 같이 수행하거나 유행하는 비구에게 내 방식을 고집하고 내 방식대로 끌고 가기 전에 상대의 방식을 존중하고 그를 믿고 그의 방식을 따라주는 것이다. 내가 마음을 열고 먼저 상대방을 따라 할 때 서로의 생각이 동화되며 그 과정을 통해 자연히 추구하는 방향도 같아진다는 것이다.

흔히 불교하면 서릿발 같은 계율을 바탕으로 엄격하게 규율을 세우고 그런 문화 속에서 지도자는 강력한 리더십을 발휘할 것이라고 생각한다. 마하가섭 역시 그와 같은 입장에 서 있었을지도 모른다. 가섭존자는 수행에 철저했던 대표적인 비구였기 때문이다.

　일반적으로 자신에게 엄격한 사람은 자신의 기준을 타인에게도 요구하는 경향이 있다. 어쩌면 두타제일이라는 가섭의 원칙주의적 태도 때문에 대중들이 가섭의 설법에 쉽게 동의하지 못했을 수도 있다.

　그래서인지 부처님은 가섭에게 자신을 드러내지 않고 상대를 지휘하고 통솔할 수 있는 부드러운 리더십을 가르치고 계신다. 이를테면 엄격한 규칙을 강조하는 카리스마 넘치는 리더십이 아니라 소통과 존중이라는 소프트파워를 통해 대중을 포용하고 통솔하는 방법을 일러주신 것이다.

　화엄에서는 '불수자성수연성不守自性隨緣成'이라고 한다. 자신을 고집하지 말고 주변의 조건을 따라 성취하라는 뜻이다. 부처님은 가섭존자에게 자신의 주장을 내세우기 전에 상대방을 존중하고 상황에 따라 적절히 대응하는 자세가 참다운 리더십을 발휘하는 길임을 말씀하고 계신다. 부처님의 이 같은 가르침은 자기주장이 강한 현대인들을 포용하고 통솔하는 데도 유용한 방법임에 틀림없다.

죽음이 끝이 아니다

명부冥府와 명부의 열시왕은 지장보살이 거느린다. 본래 인도 고대신화에 나오는 사후세계의 지배자인 야마왕이 불교에 들어와 지옥을 다스리는 염마왕閻魔王이 됐다. 그것이 중국 도교의 영향을 받아 10가지 지옥과 시왕十王 사상으로 변모했다.

시왕이란 저승세계에서 사자死者에 대한 죄의 경중輕重을 다루는 열 명의 왕을 말한다. 사람이 죽으면 그 날로부터 49일 되는 날까지 7일째마다 차례로 일곱 번 시왕 앞에 나아가 생전에 지은 죄업罪業의 경중과 선행·악행을 심판 받는다고 한다. 49재를 지내는 까닭도 여기서 연유한다. 또한 시왕은 이승에 사는 사람들의 목숨을 관장한다고 한다.

시왕이 각각 담당하는 지옥은 다음과 같다.

제1 도산刀山지옥은 진광대왕秦廣大王이 관장하며, 죽은 지 7일 후의 첫 번째 심판을 맡는다. 배고픈 자에게 밥을 준 공덕이 없는 죄인이 간다. 험한 산에서 칼에 찔려 고통을 당하게 된다.

제2 화탕火湯지옥은 초강대왕初江大王이, 죽은 지 14일 만에 두 번째 심판을 한다. 목마른 사람에게 물을 준 적 없는 자, 헐벗은 사람에게 옷을 준 공덕이 없는 자는 뜨거운 불길이 타오르고, 펄펄 끓는 무쇠솥 속에서 고통을 받는다.

제3 한빙寒氷지옥은 송제대왕宋帝大王이, 죽은 지 21일 만에 세 번째 심판을 한다. 부모에 불효하고, 가정을 화목하지 않게 하고, 어른을 공경하지 않은 죄인이 가는데 얼음 속에 갇혀 지내야 한다.

제4 검수劍樹지옥은 오관대왕五官大王이, 죽은 지 28일 만에 네 번째 심판을 한다. 함정에 빠진 사람을 구해주지 않고, 막힌 길을 뚫어주는 공덕을 못 쌓은 사람은 시퍼런 칼날로 우거진 숲을 가는데 살이 한 점씩 떨어진다.

제5 발설拔舌지옥은 염라대왕閻羅大王이, 죽은 지 35일 만에 다섯 번째 심판을 한다. 부모님 말에 불손하게 대꾸를 한 자, 입으로 일가 화목을 깨뜨린 자, 동네 어른을 박대한 자는 형틀에 매달고 입에서 혀를 길게 뽑아 그 위에서 소가 밭을 갈듯 쟁기를 끄니 처참한 고통을 겪는다. 입으로 짓는 죄악이 얼마나 크고 무서운지를 일깨워준다.

제6 독사毒蛇지옥은 변성대왕變成大王이, 죽은 지 42일 되는 날 여섯 번째의 심판을 한다. 살인, 역적, 강도, 고문, 도둑질을 한 자는 독사들이 온몸을 감아 물어뜯는다.

제7 거해鋸骸지옥은 태산대왕太山大王이, 죽은 지 49일째의 심판을 관장한다. 이로서 사십구재가 끝나는 셈이다. 돈을 받고 나쁜 음식을 대접한 자, 되를 속여 쌀을 적게 준 자가 가는 곳으로 형틀에 가두고 톱으로 뼈를 썰어 산 채로 분해한다.

제8 철상鐵床지옥은 평등대왕平等大王이 관장한다. 죽은 지 백일이 되면 여덟 번째의 심판을 받는다. 부정한 방법으로 재물을 모은 죄인을 쇠절구에서 찧은 뒤, 쇠못 침상 위에 놓고 죄를 다스린다.

제9 풍도風塗지옥에는 도시대왕都市大王이 있다. 죽은 지 1년이 되는 때에 아홉 번째 심판을 받는다. 자기 남편과 아내를 두고 남의 아내나 남편을 넘본 자가 가는 곳으로 살을 에는 바람이 분다.

제10 흑암黑闇지옥은 오도전륜대왕五道轉輪大王이 관장한다. 죽은 지 3년째에 마지막 심판을 받고 생전의 업에 따라 육도 윤회의 길로 나선다. 인간세상에서 남녀 구별을 못하고 자식 하나 보지 못한 죄인을 벌주는데, 밤낮이 없어 아무것도 보이지 않는 흑암지옥에 갇힌다.

거의 모든 사찰에서 백중을 앞두고 지장기도를 봉행한다. 우리 절에서도 49일 지장기도를 봉행한다. 이 기간 동안 지극정성으로 선망부모와 인연영가의 극락왕생을 발원하고 자기 자신의 뒤를 다시 한 번 돌아보는 시간을 갖는다.

여섯 가지 진리의 공양

불교의 중요 행사 때 육법공양六法供養을 올린다. 육법공양은 신라시대부터 공양물 여섯 가지를 불보살님께 올리는 전통 의식을 이르는 말로 헌향獻香·헌등獻燈·헌화獻花·헌과獻果·헌다獻茶·헌미獻米 등을 말한다. 이중 차와 꽃 공양은 다도와 불교 꽃꽂이로 발전되어 오늘날 별도의 문화 예술적 장르로 발전 되기도 하였다.

육법공양 의식에서 공양물을 올리는 순서는 부처님을 찬탄 하고 불자의 발원을 담은 게송이 범패로 울려 퍼지는 가운데 행해지는 것이 일반적이나 지금은 그 의미를 되새기며 낭독 하기도 한다.

향香 공양은 번뇌하는 자신을 태워 주위를 맑게 하며 속박으로부터 벗어나 자유자재한 경계에 이르는 해탈을 상징하며 해탈향解脫香이라고도 한다. 화합과 공덕을 상징하기도 하는 향 공양은 한 개비 불을 붙일 때 불의 심지가 내 마음인 줄 알아야 하고 부처님 마음인 줄 알아야 한다.

등燈 공양은 모든 사물의 도리를 꿰뚫어 보는 깊은 지혜인 반야와 광명을 상징하며 반야등般若燈이라고도 한다. 또한 등 공양과 같이 촛불 공양은 내 마음의 불을 켜는 것을 방편상 보이게끔 하는 것이다. 초는 모든 것을 다가오는 대로 집어 삼켜서 하나로 만든다. 촛불을 켜는 것은 모두 놓아버리고 몰입하는 것이다. 자기의 무명을 밝혀 해탈을 얻고자 함이다.

꽃 공양은 성불을 목적으로 자리이타自他利他가 원만한 육바라밀을 비롯한 보살의 수행을 상징하므로 만행화萬行花라고 한다. 또한 꽃을 피우기 위해 인고의 세월을 견딘다고 해서 수행을 뜻하며 장엄·찬탄을 상징하기도 한다.

과일 공양은 불교 최고의 이상인 깨달음을 상징하여 공양하므로 보리과菩提果라고 한다. 갖가지 색깔의 과일이 나무에서 스스로 무르익어 일체중생을 먹이고도 남는 것을 의미한다. 과일 공양을 정성스럽게 올리면 그 향기가 온 누리에 퍼지며 마음의 열매가 열리게 된다. 열매는 마음이고 그 줄기는 몸인 것이다.

차 공양은 생사를 초월한 경지인 열반을 상징하여 공양하므로 감로다甘露茶라고 한다. 감로란 하늘에서 내린다는 단맛의 이슬인데 영원히 살 수 있게 하는 불사약不死藥이라고 한다. 차를 달여 공양하기도 하지만 대개는 맑고 깨끗한 물을 감로다 삼아 공양하므로 부처님 법문이 만족스럽고 청정하다는 것을 상징한다. 즉 감로법문이다.

쌀 공양은 진리의 가르침을 듣고 선정을 통해 얻는 환희한 마음을 상징하여 선열미禪悅米라고 한다. 봄부터 수많은 노력을 한 후에 가을에 추수할 때의 기쁨처럼 수행의 결과로 얻은 깨달음의 기쁜 마음을 표현한 것이다. 쌀 한 톨을 얻기 위해선 88번의 손길과 정성이 들어야 하기 때문이다.

부처님께 공양을 올리는 일은 자기가 복을 받는 행위이다. 부처님께 올리는 공양과 똑같은 공양이 있다. 헐벗고 외로운 자에게 행하는 보시와 가난한 수행자에게 올리는 공양이 부처님께 올리는 공양과 같은 것이라 했다. 우리들은 우리 곁에 있는 수많은 부처님을 볼 줄 알아야 하고 그 수많은 부처님께 공양올리는 수행을 게을리하지 말아야 한다.

부처를 이루고자 첫 발심

그 마음이 곧 깨달음이요

생사의 고통과 열반의 즐거움은

항상 함께 한다네

불공
큰스님께서 주신 화두
다녀왔지만 또 가고 싶은 곳
겸허한 마음
일상의 삶이 진리
지식은 버리는 공부
행복도 불행도 내가 짓는 것
집 앞의 바위를 매일 밀어라
남을 미워하기에 앞서
들은 귀는 천년이요 말한 입은 사흘이라
세월호 희생자들이여
지옥 중생을 구제하라
기쁨은 곧 행복
인간은 만남의 존재
진정한 스승
나는 누구인가
적당한 생활

적당한 생활

불공

공양供養은 부처님 당시 스님들의 걸식에서 비롯되어 오늘날 중요한 신행의례로 자리 잡았다. 불자들은 절에 갈 때 흔히 "불공佛供드리러 간다"고 말한다.

'불공을 드린다'는 말의 정확한 의미는 부처님께 공양을 올린다는 것이다. 무엇을 부처님께 공양한다는 것인가. 법당에서 부처님께 절을 하는 행위에서부터 향 피우고, 촛불 밝히고, 복전함에 시주하고, 쌀이나 떡 같은 음식을 불전에 바치는 모든 것이 바로 공양이다.

불자들이 절에서 이처럼 공양을 올리는 이유는 '부처님 가르침을 따라 살겠다'는 서원을 다지고, 공덕을 쌓아 깨달음의 자리로 나아가기 위해서다.

혹독한 고행으로 몸이 쇠약해진 석가모니에게 한 그릇의 우유죽을 공양한 수자타의 이야기에서부터 부처님 가르침을 찬탄하기 위해 자신의 모든 것을 팔아 등불을 밝힌 어느 가난한 여인의 등공양 이야기, 석가모니 부처님이 태어나서 득도하고 열반한 모든 장소에 10만금을 공양했다는 아쇼카 왕에 이르기까지 많은 불교 설화와 경전에서 공양과 그 공덕에 대해 설하고 있다.

《법화경》에서 "수보리는 미래세에 3백만억 나유타 부처님을 공양하고 공경하며 존중하고 찬탄하면서 부지런히 섬기고, 항상 청정한 수행을 닦아 보살도를 갖추고 최후의 몸에서 성불할 것이니, 이름을 여래如來·응공應供·정변지正遍知·명행족明行足·선서善逝·세간해世間解·무상사無上士·조어장부調御丈夫·천인사天人師·불세존佛世尊이라 할 것이다"라고 하여 부처님을 공양하는 것이 여러 성불 인연 중의 하나임을 밝히고 있다.

공양에는 많은 종류가 있다. 죽은 사람을 위해 바치는 공양을 추선공양追善供養이라 하며, 불상이나 불화, 불탑 등에 생명을 불어넣는 의식을 개안공양開眼供養이라 하고, 경전을 공양하는 것을 개제공양開題供養 또는 경공양經供養이라 한다. 또 삼보에 대한 공양을 불공양佛供養, 법공양法供養, 승공양僧供養이라 부른다.

중생이 부처님과 보살, 선인, 조상을 위해서 바치는 것만 공양이 아니다. 부처님 또한 중생의 해탈을 위해 법공양을 베푼다. 부처님이 중생들을 위해 설한 모든 가르침이 바로 법공양이다. 이 가운데 아미타부처님이 중생을 미혹에서 구제하기 위해 베푸는 법회는 연공양練供養이라 한다.

공양의식은 오늘날 여러 가지 형태로 이루어진다. 단순히 불전에 차나 꽃·음식물을 올리는 공양은 물론이거니와 경전이나 법문집 등을 군부대나 오지의 불자들에게 보급하는 법공양을 비롯해 사경공양과 염불공양, 노래로 찬탄하는 음성공양, 이웃들을 위한 떡국공양, 국수공양 등 사찰과 신행단체를 중심으로 다양한 형태의 공양이 이뤄지고 있다.

생명 가진 모든 만물을 불보살을 대하듯 하는 것이 진정한 공양일 것이다.

큰스님께서 주신 화두

만법이 하나로 돌아간다 하였는데
그 하나는 어느 곳으로 돌아가는가
萬法歸一 一歸何處

"평생을 두고 너의 화두로 삼거라." 성림당聖林堂 월산(月山, 1912~1997) 큰스님께서 내려주신 화두이다. 큰스님의 이 말씀은 아직도 귀에 생생하게 산울림처럼 울리고 있다. 처음 뵈었을 때 그 모습이 인자하고 신령스러워 나도 모르게 감탄사가 나왔다. 그리고 큰스님의 제자가 되어야겠다고 생각했다.

이 화두는 중국 당나라 때 선풍을 크게 일으킨 조주(趙州, 778~897) 스님의 대화에서 나온 말이다.

한 스님이 조주 스님에게 물었다.

"우주의 모든 것이 하나로 돌아간다고 하는데 그럼 그 하나는 어디로 돌아갑니까?"

조주 스님이 답했다.

"내가 칭저우(青州)에 있을 때 삼베 적삼 하나를 만들었는데, 그 무게가 일곱 근이었지."

만법이 하나로 돌아가는 것을 이렇게 저렇게 따지지 말고 그 자체로 받아들이라는 말이다. 《벽암록》 제45칙에 나오는 공안이다.

조주 스님은 삼베라는 다소 엉뚱한 답으로 논리 너머의 그 무엇을 찾기를 바란 것이다. 그렇듯이 월산 큰스님께서는 "선방에 다니는 게 다 필요 없는 것이니 열심히 공부하고 포교하되, 금강경을 놓지 말라"고 하셨다. 그리고 "앞만 보고 정진하고 은사 스님의 뜻에 따라 열심히 공부하라"는 당부의 말씀을 하시면서 경쾌한 웃음을 보이셨다.

그렇게 약 30년의 세월이 지난 지금 생각해보니 그때 하신 큰스님의 말씀이 이것인 것을…. 그때는 어리고 혜안이 없어서 큰스님께서 내게 무슨 말씀을 하시는지 도무지 알 수가 없었다. "큰스님! 즉설로 해주시면 안 됩니까?"라고 반문하고 싶었지만 당시에는 그 용기마저 큰스님 앞에서는 만용으로밖에 보이지 않는 것이었다.

만법귀일萬法歸一의 의미는 "이 세상에 존재하는 모든 존재들의 근원처는 하나"라는 의미다. 너와 나의 구별, 상하의 구별, 승속의 구별 등으로 세세히 나누어져 있는 구별상들이 결국은 '하나의 모습'이라는 것이다.

그 이후로 상相을 내지 않고 소임에 충실했고, 한 사람의 행복을 위해 열심히 전법 활동을 했다. 항상 정진하며 머무르는 자리에 연꽃을 피울 것을 서원한다.

다녀왔지만 또 가고 싶은 곳

인도를 다녀왔지만 또 가고 싶다. 처음에는 부처님 성지를 순
례하는 감동에 젖어 부처님이 남긴 흔적만 쫓아다닌 것 같다.
부처님의 십대제자들과 경전에 나오는 많은 이야기들을 직접
보고 느끼다 보니 나의 마음이 몹시 흥분이 됐다.

특히 초기 교단의 중심적인 인물이었던 사리불과 목련의
고향을 지날 때는 흥분이 극에 달할 정도의 감동과 환희심이
나를 맴돌았다.

죽림정사竹林精舍가 자리한 라즈기르Rajgir에서 그리 멀지 않
은 나란다불교대학 터에는 지금도 사리불의 탑이 남아 있다.
그곳에 사리불의 탑이 있게 된 연유는 사리불의 고향이 나란
다 마을이고, 사리불은 그곳에서 죽음을 맞이했기 때문이다.

《반야심경般若心經》에서 부처님의 설법을 듣는 사리자舍利子가 바로 사리불이다. 원어로는 샤리푸트라Sariputra다. 사리불은 부처님 10대 제자 중에서 지혜제일이라는 수식어가 붙어있다.

나는 사리불존자가 있었던 그곳에 도착해 명상에 잠겨 그분과 가장 친했던 목련존자木連尊者를 회상했다. 두 분은 어린 시절 이웃마을에서 살았고 출가도 함께해 부처님의 수승한 제자가 됐다. 죽음까지도 부처님의 허락을 구한 뒤 같이 입멸했으니 진정한 도반이 아닐 수 없다. 지금 이 말법시대에 이러한 도반이 어디 있으며 찾을 수 있을까? 부럽다는 생각마저 들게 한다.

부처님께서는 "현명한 도반이 아니라면 무소의 뿔처럼 혼자서 가라"고 하셨다. 큰스님께서도 "모든 것이 필요 없다. 함께하지 못한다면 홀로 한 길을 가라. 가지 못하면 구하는 바도 머무르는 자리도 아무런 이득이 없다"라고 하셨다. 나 자신이 구하고 싶어도 구하지 못하고, 머무르고 싶어도 머무를 수 없으며, 도반이 필요할 때 그 옆에 도반이 없으면 나란 존재는 과연 무엇인가? 그렇다! 홀로 가는 것이 구하는 것이라는 것을 알기까지 꽤 오랜 시간이 걸린 것 같다.

사리불은 외도 산자야의 제자였으나 앗사지(馬勝) 비구의 위의를 보고 감동하여 출가하게 되었다. 사리불은 앗사지에게 부처님이 설한 연기緣起의 가르침을 듣고는 죽림정사로 가서 목련과 함께 부처님의 제자가 됐고 부처님의 신뢰 속에서 제자들 가운데 핵심적인 인물이 되어 교단을 지켰다.

그러던 목련은 집장외도執杖外道에게 목숨을 위협받을 정도로 심한 박해를 받았다. 그들이 휘두른 몽둥이에 뼈가 부러지고 살점이 떨어져 나가는 일을 당해 드러누운 사리불에게 목련이 찾아가 물었다.

"벗이여, 그대는 신통제일이 아닌가. 그런데도 왜 몽둥이를 휘두르는 외도의 무리를 피하지 않았는가?"

"과보를 어찌 피하겠나. 나는 전생에 부모님을 괴롭힌 적이 있다네. 그 과보를 받았을 뿐이네."

사리불이 보기에 목련은 죽음을 기다리고 있었고 도반인 목련을 먼저 보낼 수 없었다. '완전하게 평안한 마음'을 얻으려고 부처님의 제자가 돼서 깨달음을 얻은 사리불은 부처님을 찾아가 목련과 함께 입적하겠다고 간청했다. 그러자 부처님은 그들에게 세상의 인연이 다했음을 알고 허락했다. 그리하여 사리불과 목련은 고향 마을로 돌아가 친척들에게 부처님의 가르침을 설하고는 눈을 감았다.

자신의 죽음까지도 스승에게 허락을 받았던 제자들. 너무도 사랑하기 때문에 죽음까지도 함께했던 사리불과 목련의 우정. 부처님께서 수많은 제자들 가운데서 유독 사리불에게 《반야심경》을 설한 까닭도 그의 지고지순한 마음에 대한 보상이 아니었을까 싶다.

겸허한 마음

중추절 밝은 달이 휘영청 떠오르면
어느덧 내가 머문 곳이 어디인가 다시 보고
머문 자리에 흔적이 남았을까 홀연히 깨달으면
세상사 모든 일이 허망인 줄 왜 몰랐을까

이렇듯 추석이 되면 마음도 몸도 바빠지고 생각나는 일이 많아지는 것 같다. 한가위는 한 해의 수확을 거두고 농사일을 마감하면서 힘든 노동에서 벗어나는 시기다.

온갖 곡식이 풍성한 가운데 추석빔으로 새 단장을 하고 나면 아이들의 입에서는 저절로 '더도 말고 덜도 말고 한가위만 같아라'라는 이야기가 나올 법도 하다. 조금 부족하기는 하지만 처음 수확한 곡식과 과일을 조상님께 올린 날이 백중이었다면 이제 제대로 잘 익은 오곡백과를 올리는 날이 바로 우리의 명절인 추석이다.

우리의 풍습은 새것과 햇것은 반드시 조상에게 먼저 올린다. 이것을 천신薦新이라고 하는데 백중은 물론이고 추석 때에도 햇곡식으로 송편과 술, 차례음식을 만들어 사당에 먼저 천신한 다음 먹었다. 추석날 아침이 되면 모든 자손이 모여 차례를 지내고 성묘를 간다. 그리고 조상뿐만 아니라 성주·터주·조상단지 같은 집안 신들도 절에서는 조왕신에게 햇곡식으로 천신하며 추석 치성을 올렸다.

여기에는 낳아주시고 길러주신 부모에 대한 효도의 의미는 물론 조상에 대한 감사, 어른에 대한 공경 등의 의미를 담고 있다. 그리고 이를 통해 다음 세대들에게 자연스럽게 이런 풍습을 전하는 의미도 있다.

이렇게 추석이 조상과 자연의 은덕을 기리는 날이기는 하지만 또한 풍요롭고 즐거운 날이기도 하기에 경건한 마음으로 차례와 성묘를 마친 뒤에는 이웃들과 함께 배불리 먹고 새로 담은 술을 마신 뒤 신명나는 놀이판으로 풍년의 기쁨을 만끽했던 것이 우리 조상들의 멋이다.

우리가 추석에 차례를 지내는 것은 감사와 보은의 마음을 갖는 데 의미가 있다. 내가 지금 있게 된 것은 모두가 부모와 조상의 은덕이다. 올 농사를 무사히 마치게 된 것은 자연의 은혜이기에 그것에 감사하고 보답하고자 함이다.

그래서 부모와 조상의 은혜에 보답하고자 추석이 돌아오기 전에 공들여 벌초를 하고 차례 음식을 장만하여 예법에 맞추어 차례를 지낸 뒤 성묘를 간다. 이것은 다시 말하면 겸손한 마음가짐을 갖는 것이다. 겸허한 마음에서 감사와 보은의 마음이 생긴다. 겸허한 마음이 될 때 모든 것을 받아들일 수 있다. 추석에 조상에게 차례를 올리고 자연의 은혜에 감사하는 이유는 바로 우리에게 이런 마음을 가지라고 하는 것이다.

불교는 전래되는 어느 곳에서도 그곳의 문화와 전통을 부정하지 않았다. 오히려 그것을 더 풍요롭게 하고 의미있게 만들었다. 불교의 사섭법四攝法인 남에게 베푸는 보시섭布施攝, 사랑스런 말로 함께하는 애어섭愛語攝, 남을 이롭게 하는 이행섭

利行攝, 나아가 그들과 희노애락을 함께하는 동사섭同事攝의 의미를 되새겼다.

부처님께서 우리들에게 살아가는 소중한 모습이 무엇이었는가를 다시 한 번 되새기면서 우리는 잃지 말아야 할 보배들을 많이 만들었다. 부처님 가르침처럼 세상 모든 것이 변한다고 하지만 그 가운데서도 오래 간직해야 할 보배들이 있다. 추석을 맞아 그 보배들을 찾아보는 시간을 가지기 바란다.

일상의 삶이 진리

어떻게 사는 것이 잘사는 것일까, 의문이 들기도 한다. 할 수 있는 것, 가까이에 있는 것부터 해나가는 삶, 작은 실천을 이어가는 삶이 잘사는 것이 아닌가 한다.

사람은 어떤 조건에서 살더라도 우선적으로 옷을 입어야 하고 밥을 먹어야 하고 누울 거처가 있어야 한다. 아무리 종교적 수행을 목적으로 하는 수행단체라 하더라도 사람이 하는 일인 이상 의식주 문제에서 예외일 수 없다.

세상 사람들의 삶이란 별의별 명분을 앞세우지만 실은 이 의식주 세 가지 문제 해결을 위해 살다 가는 것이다. 수천년 역사 속에 이루 다 헤아릴 수 없이 많은 사람들이 살다갔고, 또 지금 살아가고, 앞으로도 살아갈 것이지만 대다수의 사람들의 삶이란 모두가 이 먹고 자고 입고 하는 일이 전부다.

불교가 중국으로 건너와서 육조혜능(六祖慧能, 638~713) 대사, 남악회양(南岳懷讓, 677~744) 스님, 그리고 마조도일(馬組道一, 709~788) 스님이 출현하여 중국의 선종은 본격적으로 발전하기 시작하였다. 마조 스님은 '평상심시도平常心是道'라 하여 평상의 마음 생활이 그대로 도의 삶이라고 주장했다. 그러면서 상류층 중심으로 이루어지던 선禪을 서민 중심의 생활선生活禪으로 구체화시켰다.

'하루 일하지 않으면 하루 먹지 않는다'는 경구도 생활선을 뜻하는 좋은 예다. 마조 스님의 제자인 백장회해(百丈懷海, 720~814) 스님에게 이르러서는 본격적인 선수행의 도량이 만들어지게 되어 생활과 선이 하나임을 몸으로 체현하게 되었다. 그래서 선생활의 지침서인 《백장청규百丈淸規》도 이때에 만들어졌다. 그 청규의 정신을 한마디로 표현한 것이 곧 여기에 소개한 만고의 명언인 '일일부작 일일불식一日不作 一日不食'이다.

모든 수행자는 보통 사람들이 살아가는 방법 그대로 일체

의식주 문제를 자급자족으로 해결하는 것이 보편타당한 진리의 삶이라는 뜻이다. 사람들의 평상의 마음 생활이 그대로 道라고 주장한 스승 마조 스님의 생활선을 더욱 구체화한 표현이라고 할 수 있다.

생활선이란 특별한 일이 아니다. 자고 일어나서 세수하고 식사하고 출근하여 맡은 일들을 처리하는 것, 그리고 다시 집으로 돌아와서 가족들과 이런저런 이야기들을 나누는 일상사가 그대로 도이다. 먹고 자고 입고 하면서 그에 필요한 자원들을 스스로 해결하면서 살아가는 일이 모두 진리의 삶인 것이다.

지식은 버리는 공부

자신은 정직하게 살고 있고 노력하고 있는데도 일이 잘 풀리지 않는다고 푸념하는 사람이 있다. 맞다. 세상을 살아가는 데 있어서 아무리 정직하게 노력하고 고생을 해도 자신의 목표에 도달하지 못하는 사람이 반드시 있다.

거기에는 그 이유가 반드시 있기 마련이다. 왜냐하면 그는 자신이 가야할 길을 제대로 알지 못했기 때문이다. 마치 대구에서 출발해 서울을 향해 간다고 하면서 부산 방향으로 가는 사람과 마찬가지다. 서울에 도달하기 위해서 얼마나 많은 길을 돌아가야 할지를 생각해봐야 한다. 누가 보더라도 그는 열심히 노력하지만 그렇게 노력한 만큼의 결과를 얻지 못한다.

자신이 정한 목표의 의미를 분명히 파악하고 알고 있어야 한다. 조금만 노력해도 자신의 성공을 찾아가는 지혜를 가져야 한다. 그러기 위해서는 갖추어야 할 자세가 있다.

첫째, 겸손하라. 길을 모르면 물어서 가야하는데도 불구하고 자신의 판단이 옳다고 계속 고집하다가 엉뚱한 곳으로 가게 되면 얼마나 많은 희생을 감수해야 될지를 생각해야 한다. 고집과 아집은 모두에게 고통만 줄 뿐이다. 그러기에 고집과 아집을 내려놓기 위해서 마음공부를 시키는 것이다. 이것을 위한 방편으로는 대표적으로 지관좌선법(호흡법)과 자기 자신을 내려놓기 위한 절 수행이 있다.

둘째, 학습하라. 지식은 버리는 공부이며 지혜는 나누는 공부다. 지식은 말하려 하지만 지혜는 들으려 한다. 어떤 일이든지 시작하기 전에 충분한 지식을 습득한 뒤에 그 지식을 잘 다스려 지혜를 발휘한다면 보다 훌륭한 일들을 할 수 있을 것이다.

셋째, 성실하라. 어느 누구라도 고비가 있다. 하지만 어느 때라도 최선을 다하지 않는다면 기회를 놓친다. 목표가 이루어질 때까지 지속적으로 노력하지 않으면 안 된다.

넷째, 베푸는 삶을 살아라. 세상에서 가장 행복한 게 무엇이겠는가? 그것은 남을 위해서 봉사하고 나누는 기쁨이다. 대기업을 꾸리든 작은 구멍가게를 하든 누군가의 도움 없이 할 수 있는 일이란 없다. 감사하고 베푸는 마음이 없다면 어떠한 목표도 이룰 수 없다.

행복도 불행도 내가 짓는 것

절에 가면 부처가 있다고 생각하는가. 절에 가면 인간이 만든 불상이 당신을 내려다본다. 부처가 절에만 있다고 생각하는가. 부처는 세상 천지에 널려 있다. 내 주위 가난한 이웃이 부처고 병들어 누워 있는 약자가 부처다. 그 많은 부처를 보지도 못하고 사람이 만든 불상에만 허리가 아프도록 절하고 있는 자신을 돌아볼 일이다.

천당과 지옥은 죽어서만 가는 곳이라 생각하는가. 즐겁게 웃고 행복한 마음이 일어나는 지금이 천당이다. 힘들고 고통스럽다고 울고 있는 지금이 지옥이다. 관세음보살이 어디 있는가. 남을 위한 마음을 내면 내가 바로 관세음보살이다.

어느 마을에 유명한 의사가 살고 있었다. 마을 사람들은 몸이 아프면 모두 그를 찾아가 치료를 받았다. 그는 환자의 얼굴과 걸음만 봐도 어디가 아픈지 바로 알아내 처방을 잘했다.

그런 그도 나이가 들어 세상을 떠나게 되었다. 마을 사람들과 사찰의 스님은 죽음을 앞둔 의사의 임종을 지켜보았다. 죽음을 앞둔 그가 마을 사람들에게 말했다.

"나보다 훨씬 훌륭한 세 명의 의사를 소개하겠습니다. 그 의사는 '음식과 수면과 운동'입니다. 음식은 절대로 과식하지 마십시오. 어두워지면 잠들고 날이 밝으면 일어나십시오. 그리고 열심히 걷다 보면 웬만한 병은 나을 수 있습니다."

의사는 잠시 말을 멈췄다가 다시 말을 이었다.

"그런데 음식과 수면과 운동은 두 가지 약을 함께 복용할 때 효과가 있습니다. 육체와 더불어 마음의 건강을 위해 꼭 필요한 것은 '웃음과 사랑'입니다. 육체만 건강한 것은 반쪽 건강입니다. 몸과 마음이 고루 건강한 사람이 되십시오. 웃음은 평생 꾸준히 복용해야 합니다. 웃음은 만병통치약입니다. 안 좋은 일이 있을 때는 많이 복용해도 됩니다. 사랑은 수시로 복용하십시오. 가장 중요한 약입니다."

의사는 자신이 살면서 깨달은 중요한 것들을 알려주고 평안한 모습으로 눈을 감았다. 돈도 안 드는 이 약을 우리는 얼마나 섭취하고 있는가?

　행복과 불행은 자기 자신이 만드는 것이다. '너 때문에…' 하며 남탓하면서 자신의 행복과 불행을 다른 사람이 만든다고 생각한다. 남이 어떻게 하느냐에 따라 나의 행복과 불행이 결정되는 것이라면 내 인생의 주인은 누구인가!

집 앞의 바위를 매일 밀어라

많은 사람들이 자기 자신의 족적을 남기고 싶어 한다. 무언가를 이룩해야 하고 또 그 결과에 대한 포상도 받아야 자기가 무엇이 된 듯한 느낌을 받는 것 같다.

불자님들도 절에서 기도를 하고 자기 성찰을 하며 마음공부 정진에 열심이다. 그런데 그 많은 기도와 참선 공부가 과연 무엇을 위한 기도이고 참선인지 잘 생각해봐야 할 것이다.

기도마저 자기 공부의 족적을 남기고 싶어서 하는 것이 아닌지 말이다. 하루하루 묵묵히 열심히 살아가고 있다는 것 자체가 큰 족적이다.

미국의 어느 시골에 한 남자가 살고 있었다. 그의 통나무집 앞에는 큰 바위가 있었는데 그는 그 바위 때문에 집에 들어가고 나가기가 너무 힘들었다. 그는 너무 병약했기 때문에 바위를 어찌 해볼 엄두도 낼 수 없었다. 그런데 어느 날 밤 꿈에 신령이 나타나 이런 말을 했다.

"사랑하는 아들아! 집 앞의 바위를 매일 밀어라!"

잠에서 깬 사내는 그때부터 희망을 가지고 매일 바위를 밀었다. 그렇게 8개월이 지났다. 그는 자신이 꾼 꿈에 대해 점점 회의가 들었다. 반 년이 지나도록 밀었지만 바위는 조금도 옮겨지지 않았다. 그는 그토록 오랫동안 헛수고 한 것이 원통해 엉엉 울었다. 바로 그때 신령이 나타나 그의 옆에 앉으며 물었다.

"사랑하는 아들아! 왜 그렇게 슬퍼하지?"

"신령님 때문입니다. 당신 말씀대로 지난 8개월 동안 희망을 품고 바위를 밀었는데 바위는 전혀 움직이지 않았어요."

"나는 네게 바위를 옮기라고 말한 적이 없단다. 그냥 바위를 밀라고 했을 뿐이다. 이제 거울로 가서 너 자신을 보아라."

그는 거울 앞으로 갔다. 그는 깜짝 놀랐다. 거울에 비춰진 남자는 이전의 병약한 사내가 아니라 근육질의 튼튼한 모습이었기 때문이다. 동시에 어떤 깨달음이 스쳐 지나갔다. '지난 8개월 동안 밤마다 하던 기침이 없어졌구나! 매일 기분이 상쾌했고, 잠도 잘 잤었지.'

신령의 계획은 바위 위치를 변화시키는 것이 아니라 그를 변화시키는 것이었다. 그의 변화는 바위를 옮겼기 때문이 아니라 바위를 밀었기 때문에 생겼다.

삶에서 중요한 것은 바위를 옮기겠다는 표적이 아니다. 바위를 밀고 있는 내 족적이 중요하다. 족적보다 표적을 중시하면 내리막길 인생이 되고, 표적보다 족적을 중시하면 오르막길 인생이 된다. 나는 지금 표적을 중시하면서 살고 있는지, 아니면 족적을 중시하면서 살고 있는지 깊이 성찰해봐야 할 것이다.

남을 미워하기에 앞서

누굴 미워하면서 산다면 남은 생이 얼마나 불행할까? 이제부터라도 남을 미워하면서 사는 것보다 남을 위해 사랑하고 봉사하면서 산다면 더 행복한 나날을 보낼 수 있지 않을까.

아무리 극한 상황이 연출되더라도 나 스스로 잘못한 것을 느끼고 행동한다면 조금 더 나은 사고로써 매상 접근하게 될 것이다. 부처님께서도 남을 미워하기에 앞서 자기 주위를 돌아보고 스스로를 경책하라 하셨다. 자기의 허물을 탓하지 남의 허물을 탓하지 말라하신 것이다.

우리가 이 세상을 살아가는 이유가 무엇일까? 한번쯤 생각하면서 생활한다면 지금보다는 더 관대한 마음으로 바뀌지 않을까. 물론 각자가 다른 생각을 할 것이다. 이것이 모든 사람이 이 세상을 살아가야 하는 방식이다. 행복도 슬픔도 스스로가 책임져야 할 부분이다. 불행도 내가 짓는 것이요, 행복도 내가 짓는 것이라 하셨듯이 행복의 의미를 망각하고 행운과 기회만을 원한다면 그것처럼 불행한 미래는 없을 것이다. 그렇듯이 지금껏 살아온 방식보다는 보다 더 지혜로운 방식의 삶으로 전환시켜야 되지 않을까 싶다. 그중 하나가 남을 원망하고 시기하고 미워하는 마음을 가지기보다는 관대하게 이해하며 배려하는 것이 보다 나은 미래이자 행복의 열쇠가 아닌가 싶다.

웃으면 젊어진다고 한다. 화내면 늙어진다. 그렇다면 늙고 싶은지 젊어지고 싶은지 스스로에게서 그 명제를 구해야 되지 않을까. 모든 일을 완벽하게 하기란 불가능하다. 하지만 최선을 다할 수는 있다.

들은 귀는 천년이요 말한 입은 사흘이라

누가 어떻게 자기를 평가하든 스스로가 흐트러짐 없이 앞만 보고 간다면 나중에는 그것이 진실이 된다.

들은 귀는 천년이요 말한 입은 사흘이라는 말이 있다. 바닷가 모래 위에 글씨를 쓰듯 말하지만 듣는 사람은 쇠 철판에 글씨를 새기듯 들을 때가 있다.

몸으로 지은 업, 입으로 지은 업, 뜻으로 지은 업을 신구의 身口意 삼업三業이라 한다. 이 가운데 가장 많은 업이 구업口業 이듯이 역사가 시작된 이래 칼이나 총에 맞아 죽은 사람보다 혀끝에 맞아 죽는 사람이 더 많을 정도이다.

지나가는 말로 아무 생각 없이 한 말을 듣고 두고두고 잊지 못하는 사람이 있다. 좋은 말, 따뜻한 말, 고운 말 한마디

또한 누군가의 가슴에 씨앗처럼 떨어져 뜻밖의 시간에 위로와 용기로 싹이 난다. 칭찬은 작은 씨앗이 될 수 있다. 처음에는 작게 시작하지만 나중에는 크게 자란다. 칭찬하려는 순간 우리 마음의 문이 열린다.

세월호 희생자들이여

참담한 현실 속에서 무어라 형언할 수 있을까. 모두가 인재人災였다. 이렇듯 중생의 탐진치로 인해 인류의 불행을 자초하고 있다. 욕심과 이기심으로써 또 한 번의 무고한 희생자를 낼 수밖에 없는 현실에 몸도 마음도 힘들어지는 것을 느낄 수 있다.

세월호 침몰 참사의 원인은 시간이 더 지난 뒤에 밝혀지겠지만 변명할 여지도 없다. 무사 안일한 생각으로 많은 사람들이 희생당하는 모습에 경악을 금치 못한다. 수행자인 나 자신도 너무나 화가 나니 누가 누구보고 책임을 물을 수 있을까.

한심하고 한심하다. 부모 형제 자식 친구 친척 모두가 넋이 나갔다. 나에게 한 가지 힘을 쓸 기회가 있다면 승선하기 전으로 시간을 되돌리고 싶은 마음이 간절하다.

오호통재라! 이런 일이 대한민국에서 또 일어나다니. 무엇이 우리들을 혼돈의 시대에서 머물게 하는지. 서로가 욕심을 덜어내면 행복해질 것인데… 슬프다. 당사자들은 얼마나 원통하겠는가.

부처님께서 말씀하신 말법시대가 진정 이런 모습인가 보다. 어서 정법의 시대가 오기를 마음으로 서원한다. 부처님이 인간의 존엄성을 몸소 보이시면서 이 땅에 나투시고, 욕계, 색계, 무색계의 삼계에 행복과 안위를 위해 내려오셨건만 어리석은 중생이 한낱 작은 이익에 취해 그 존엄한 생명들을 자신의 이익에 희생시키는가 말이다.

세월호 여객선 침몰 참사에 희생된 많은 고인들에게 간절한 마음으로 극락왕생을 기원한다. 두 번 다시 이런 일이 일어나지 않도록 말로만 재발 방지가 아닌 진실된 마음과 생각으로 더 이상의 무의미한 희생자가 나오지 않도록 하는 것이 국가행정 책임자로써의 의무일 것이다.

지옥 중생을 구제하라

지장보살은 중생을 구제하는 위대한 원력을 나타내기 위하여 육도六道에 각각 다른 모습을 보인다 하여 여섯 지장(六地藏)으로 부르기도 한다.

지옥계의 대정지大政智지장, 아귀계의 대덕청정大德淸淨지장, 축생계의 대광명大光明지장, 아수라계의 청정무구淸淨無垢지장, 인간계의 대청정大淸淨지장, 천상계의 대견고大堅固지장이다. 후세에 이르면 동자童子를 안은 지장, 승군勝軍지장, 수자水子지장의 다양한 모습을 볼 수 있다.

지장보살은 도리천에서 석가여래의 부촉을 받고 매일 아침 선정에 들어 중생의 근기를 관찰하고 있으며 세존이 입멸한 뒤부터 미륵불이 출현할 때까지 육도에 몸을 나타내어 천상에서 지옥까지의 일체중생을 교화하며 특히 지옥 문전에서 중생들을 보며 안타까워 슬피 울면서 지옥 중생을 모두 건지겠다는 서원을 맹세한다고 한다. 모든 중생을 다 제도한 뒤에 성불하겠다는 큰 자비심으로 중생 제도에만 전념하므로 자신은 성불할 기약이 없는 보살, 즉 대비천제大悲闡提로서 중생의 고통을 누구보다도 가슴 아파하는 보살이다.

불교의 십재일 가운데 매월 음력 18일이 지장재일이며 또한 지장보살에게 기도를 올리며 먼저 돌아가신 부모 영가를 천도하는 지장 신앙이 있다.

선인선과善人善果 악인악과惡人惡果의 인과를 도덕 윤리의 원리로 내세우는 불교는 사람이 한평생 지은 죄업에 의하여 다음 생의 과보를 받는다고 한다. 그리하여 사람이 죽으면 그 사람의 생전에 지은 죄업의 경중을 심판 받는다는 명부冥府의 이야기가 생겨났다.

예를 들면 지옥에 있어서 죄의 경중을 판별하는 십위十位의 왕, 즉 시왕이 있어 사람이 죽으면 그날부터 49일까지는 일주일마다 그 뒤로는 백일, 소상, 대상 때 차례로 각 왕에게 생전에 지은 선악업의 심판을 받는다는 것이다.

그런데 이 명부의 세계에 지장보살의 원력이 뻗쳐 지장의 구원을 받으면 염라의 고통이 소멸된다 하여 설사 죄업이 무거운 중생일지라도 지장보살의 원력을 의지하여 지옥의 고통을 면할 수 있다는 것이다. 이리하여 지옥의 고통을 면하기 위하여 미리 재공(齋供, 재를 닦아 공양을 올림)을 베풀어 공덕을 짓자는 신앙 형태가 생겨나 예수재預修齋를 지내는 신앙 풍습이 생겼다.

불가에서 흔히 윤달에 예수재를 지내는 풍습이 있는 것도 이러한 뜻에서 유래되었다. 예수재의 의식은 여러 가지 복합적 신앙 형태를 갖춘 것으로 그것이 결국 죄업을 소멸하고자 하는 인간의 선의지에서 비롯되며 죄와 고통에서 벗어나고자 하는 인간의 순수하고 소박한 바람이다.

기쁨은 곧 행복

중국 고전에 이런 말이 있다.

인생이란 백마가 달리는 것을
문 틈으로 내다보는 것처럼
삽시간에 지나간다

젊어서는 인생이 꽤 길게 느껴지지만, 나이가 들면 화살처럼
달리는 백마를 문 틈으로 얼핏 보는 것처럼 인생이 정말 빠르
다는 것을 깨닫게 된다. 세상은 우리들을 가만히 있게 만들어
주지 않나 보다.

세월이 유수와 같이 빠르게 흐른다더니, 잠시도 여유를 가

지고 머물게 하지 않는 듯하다. 세월이 빠르고 덧없다고 말하는 것은 나이 든 것이 아쉬워서가 아니라 사실상 인생이 기쁘지 않았다는 뜻일 수도 있다.

미래의 내 얼굴은 지금 내 삶이 만든다. 나이 들어 애써 주름을 없애고 머리를 염색하려 하지 말라. 마음 속 깊이 감출 수 없는 기쁨과 미소를 갖고 오늘을 산다면 내일 나의 모습은 미소짓는 얼굴이다.

또 청춘을 돌려달라며 지난 날을 그리워하는 것도 소용없다. 젊은이는 젊은이대로 아름답고 나이들면 나이 든대로 아름다운 법이다.

살아있는 동안 정말 뜻있고 보람되게 살아야겠다. 오늘이 내 생에 최고의 날인 양 최선을 다해 살아야겠다. 오늘이 내 생애 최고의 순간인 듯 행복해야겠다.

인간은 만남의 존재

인간의 행복과 불행은 만남을 통해서 결정된다. 씨앗은 땅을 잘 만나야 하고 땅은 씨앗을 잘 만나야 한다. 아무렇게나 굴러다니는 구슬이라도 가슴으로 품으면 보석이 될 것이고, 흔하디 흔한 물 한 잔이라도 마음으로 마시면 보약이 된다.

인간이 죽은 후 다시 태어날 때 사람의 몸을 받을 확률은 수명이 무량겁無量劫인 눈 먼 거북이가 바다 밑을 헤엄치다가 숨을 쉬기 위해 100년에 한 번씩 물 위로 올라오는데 우연히 그곳을 떠다니던 나무판자에 뚫린 구멍에 목이 낄 확률보다 더 작다고 했다.

이와같이 사람 몸 받기가 맹구우목盲龜遇木과 같이 어렵고, 부처님 법 만나기는 더 어렵다. 하지만 부처님 법을 만난 우

리는 여법하고 구족한 것이다. 정말 축복이다. 큰 행복이다. 그러니 이런 좋은 인연으로 믿음과 원을 세워 행行을 잘 해야 하겠다.

대화도 나누고, 새로운 정보도 나누고, 때가 되면 지식과 지혜도 나누고, 식사도 나누고, 차 한 잔도 나누고, 안부도 서로 주고받다 보면 새로운 정도 생긴다. 그렇게 만나고 만나면 모든 병이 치료가 된다. 만나면 많은 것들이 해결이 된다는 뜻이다.

진정한 스승

항상 변함없이 청계사에서는 산신기도 입재와 더불어 철야기도를 행한다. 오랫동안 보아오면서 신도님들의 산신기도에서 모두의 안녕을 위하는 간절함을 항상 가슴 깊이 느끼고 있다.

그래서 산신기도를 할 때는 큰 대비심과 초심을 향한 마음으로 가다듬고 삼일기도를 3일 낮과 밤으로 지성귀의하고 마지막 날 철야하면서 회향한다.

절은 절을 찾아오는 사람들에게 세 가지를 일구게 하는 텃밭이 되어야 한다. 첫 번째는 귀의불이다. 부처님을 믿고 따르게 하는 불전佛典이다. 그것이 바로 발심發心이다.

절에 가는 큰 이유는 나와 가족 그리고 모두의 행복과 안락이다. 그러나 열심히 기도하는데 마魔가 들어온다거나 하면 기도의 의미를 의심할 것이다. 믿음이 약하면 그만큼 의지도 약해지기 때문에 대원력을 세워서 부처님을 향한 믿음을 단 한 치도 의심하지 말아야 한다. 절은 마음을 편하게 해주고 위안이 되어야 한다. 의지하고 기대고 싶은 마음의 안식처가 되어야 한다.

두 번째는 귀의법歸依法이다. 부처님의 가르침을 믿고 따르게 하는 귀의처가 되어야 한다.

세 번째는 부처님의 가르침을 행동으로 옮기는 행원을 해야 한다. 아무리 많은 기도를 하고 가르침을 익히더라도 행원을 하지 않으면 생명이 없는 거나 마찬가지다. 절에서 매일매일 기도하며 참회하고 발원하다보면 본래가 불성인 것을 알아간다. 매일 기도하고 육바라밀을 실천하다보면 공덕이 쌓이는 것이다. 그것을 복전福田이라고 한다. 기도하다보면 저절로 행복해지는 것은 지극히 당연한 이치다. 그것이 바로 환희심이다.

청계사에서 지내는 산신기도는 아주 오래전부터 내려오는 행사이다. 그곳이 나의 귀의처요, 나의 발심처이다. 많은 신도님들이 간절하고 지극해 나 스스로도 일체동근一體同根이 돌듯 깊은 삼매에 들어가는 것은 우리가 동업중생同業衆生이기 때문일 것이다. 나를 하심下心하게 하고 수행修行하게 만들어주는 진정한 스승들이다.

나는 누구인가

가을 단풍이 물들고 자연의 아름다움을 느끼기도 전에 낙엽이 되어 뒹구는 모습이 어찌 슬프지 않을 수 있을까. 5대 선사 다례제를 치르고 나니 새삼 큰스님들의 서릿발 같은 일성一聲이 귓가에 맴도는 것 같다.

입산출가入山出家하여 무엇이 진정한 부처님의 길인가 하고 의구심을 가지고 공부를 하다가 주지라는 소임을 보고 사회활동을 하고 신도들과 같이 사찰을 이끌어 가다 보면 어느 듯 나의 출가의 목적과 의미가 의아해지는 것은 당연지사이다.

이것이 아닌데 하고 지내다 보면 또다시 지역포교와 복지활동을 게을리 하지 않기 위해 또 한 발씩 나아가고 있다. 하루 종일 많은 업무를 처리하느라 하루가 모자라게 다니고 또

다닌다. 피곤한 몸을 이끌고 나의 위치에 돌아오면 허허 하고 실웃음이 나온다.

오늘은 새벽기도에 나 자신을 돌아보고 다시 한 번 깊은 생각을 하면서 삼매에 들어가본다. 새벽 기운이 차지만 막힌 가슴이 시원하게 뚫리는 느낌이 정말 행복하다. 다시 한 번 출가 승려로써의 자부심과 긍지가 나의 온몸을 휘감는다.

전기 충격을 받은 것처럼 강하게 심호흡을 하면서, 그래 이 것이 나의 모습이 아니던가, 내 자신은 내가 스스로 가져가는 것이다 되뇌인다. 스스로에 안주安住하는 모습은 그 어느 것에 도 도움이 되지 않는다는 것을 무엇보다도 잘 알고 있지 않는 가. 나로 인해서 생기는 모든 근원이 나의 잘못된 생각과 행 동으로 말미암아 달라지거나 흐트러진다면 그 책임 또한 나 아니던가.

《법구경》의 구절을 새겨본다.

사람은 한번 태어나기 어려우며
언젠가 죽어야 할 자가

지금 목숨이 있다는 것은 고마움이다.

내가 지금 숨을 쉬고 할 수 있는 일이 이렇게 많은데 사회봉
사, 사찰행정, 수행, 기도, 기관 관리 등등이 어떠한가 하는 의
문은 아무런 의미가 없다. 지금 처해 있는 상황에 다만 충실
할 뿐이지 고민하고 번뇌하는 자체가 분에 넘치는 욕심일 것
이다.

　최선을 다하는 모습이 부처님의 길일 것이라 생각하며 행
行으로써 애써 정리해본다. 일에 의문을 갖기 전에 우선 최선
을 다해 생활하는 것이 더 중요한 삶이 아닌가 하고 조심스럽
게 정의를 내려본다.

적당한 생활

인연 없는 중생(無緣衆生)은 부처님도 구제하지 못한다는 불가
佛家의 옛 말이 있다. 세상일이란 스스로 원력과 신심을 갖고
노력해야만 부처님의 가피도 기대할 수 있는 것이다. 부처님
께서 사위성 기원정사에 계실 때 제자들에게 말씀하셨다.

법을 믿지 않고 사람을 믿게 되면
다섯 가지 허물이 생길 수 있느니라.
자기가 믿는 사람이 대중으로부터 비난을 받으면
실망하게 된다.
자신이 믿었던 사람이 계율을 범하고 어기면
실망하게 된다.

자신이 믿는 사람을 거리에서 만나면
도량을 찾지 않게 된다.
자기가 믿던 사람이 속세로 돌아가면
실망하게 된다.
자기가 믿는 사람이 목숨을 마치면
실망하게 된다.
그렇게 되면 절을 찾지도 않고,
대중을 공경하지도 않으며
법을 듣지 않고,
선행을 등지게 된다.
그러므로 법을 믿을지언정,
사람을 의지하지 말라.

살아오면서 가슴 깊이 새긴 말이다. 수행은 자기와 이웃이 다
같이 성불하기를 기원하며 스스로 닦아 나가야 한다. 사람에
게 정을 주는 일도 받는 일도 적당하게 하라고 권하고 싶다.
나도, 그들도 중생이기 때문이다.

자신을 등명으로 삼아 스스로 귀의할 곳으로 삼되,

남을 귀의할 곳으로 삼지 않으며,

법法을 등명으로 삼아 법을 귀의할 곳으로 삼되,

다른 곳을 귀의할 곳으로 삼지 말지어다.

《대반열반경大般涅槃經》에 나오는 구절이다. 유명한 '자등명自燈明 법등명法燈明 자귀의自歸依 법귀의法歸依'라는 법문이다.

이미 80세로 늙고 쇠약해져 임종이 가까워진 부처님이 아난다의 간절한 소원에 따라서 설교하였다는, 유언이나 다름없는 몇 가지 말씀 중의 하나이다. 내용인즉 자기를 돌아보고 외부로 눈을 돌리면 안 된다는 의미이다.

어느 날 한 수좌가 각명覺明 선사에게 물었다.

"달마가 서쪽에서 온 뜻은 무엇입니까(如何是祖師西來意)?"

선사가 대답했다.

"조고각하照顧脚下!"

자기 발밑을 살피라는 뜻이다.

선원에서 수행을 하는 스님들이나 강원 스님들은 고무신을 신는데 모두 같은 색 신발을 신기 때문에 헷갈리기 쉽다. 따라서 신발을 놓는 댓돌에 이름을 써 놓고, 기둥에는 '조고각하'라고 새겨놓아 신발이 바뀌지 않도록 주의를 하도록 한다.

육조혜능 대사가 오조홍인 대사를 친견할 때의 문답을 우리는 놓쳐서는 안 된다. 오조께서 물었다.

"나에게 구하는 것이 무엇인가?"

혜능 스님이 답했다.

"오직 부처되는 법을 구할 뿐!"

불교는 믿는 신앙에서 한 발짝 나아가서 결국은 자신이 성불하는 종교임을 명심해야 할 것이다.